Presentes
artesanais

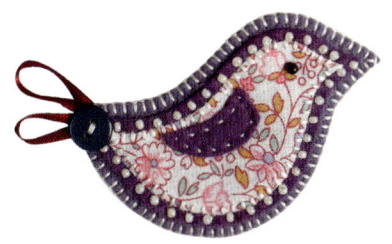

Presentes
artesanais

Mais de 70 projetos criativos
para fazer em casa

PubliFolha

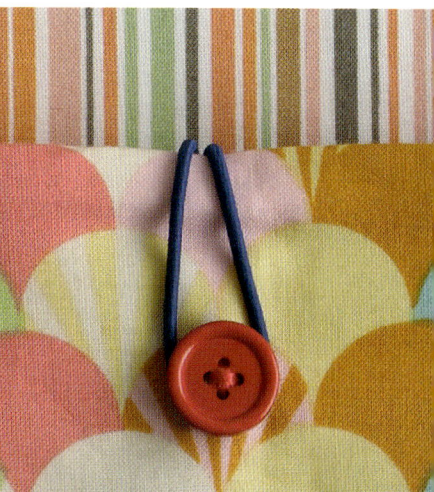

Um livro da Dorling Kindersley
www.dk.com

Título original: *Handmade gifts*

Publicado originalmente na Grã-Bretanha em 2013 pela Dorling Kindersley Limited, 80 Strand, Londres. WC2R 0RL.

Copyright © 2013 Dorling Kindersley Limited
Copyright © 2014 Publifolha – Divisão de Publicações da Empresa Folha da Manhã S.A.

Todos os direitos reservados. Nenhuma parte desta obra pode ser reproduzida, arquivada ou transmitida de nenhuma forma ou por nenhum meio sem a permissão expressa e por escrito da Empresa Folha da Manhã S.A., por sua divisão de publicações Publifolha.

Proibida a comercialização fora do território brasileiro.

COORDENAÇÃO DO PROJETO: PUBLIFOLHA
Editor assistente: Thiago Barbalho
Coordenadora de produção gráfica: Mariana Metidieri

PRODUÇÃO EDITORIAL: AA STUDIO
Coordenação: Ana Luisa Astiz
Tradução: Adriana Talocchi Caballero Barbosa
Preparação: Juliana Caldas
Revisão: Adriana Bairrada e Paola Beretta
Consultoria: Adriana Fauza (veterinária); Beth Bacchini (Santo Sabão, perfumaria); Maria Luiza Castelo Branco (Ravenna Mosaicos, mosaico e porcelana); Mercedes Manfredini (costura); Pablo Peinado (O Velho Livreiro, encadernação); Sara Medeiros (Adriana Medeiros Bijuterias Artesanais, silver clay, crochê, macramé); Tarcila Campos (culinária).
Editoração eletrônica: MOS editorial

EDIÇÃO ORIGINAL: DORLING KINDERSLEY
Editora de arte do projeto: Gemma Fletcher
Editora do projeto: Laura Palosuo
Designer: Charlotte Johnson
Criação de capa: Rosie Levine
Pré-produção: Rebecca Fallowfield
Produção: Ché Creasey
Fotografia: Dave King
Apoio técnico à criação: Sonia Charbonnier
Gerente editorial: Penny Smith
Gerente de arte: Marianne Markham
Diretora de arte: Jane Bull
Editora: Mary Ling

DK INDIA
Editor de arte sênior: Ivy Roy
Editor de arte: Vikas Sachdeva
Editor assistente de arte: Pallavi Kapur
Gerente de arte: Navidita Thapa
Gerente de pré-produção: Sunil Sharma
Gerente de produção: Pankaj Sharma
Designer sênior: Jagtar Singh
Designers: Syed Md Farhan, Rajesh Singh Adhikari, Rajdeep Singh

Dados Internacionais de Catalogação na Publicação (CIP)
(Câmara Brasileira do Livro, SP, Brasil)

Presentes artesanais : mais de 70 projetos criativos para fazer em casa / [Dorling Kindersley ; tradução Adriana Talocchi Caballero Barbosa]. – São Paulo : Publifolha, 2014.

Título original: Handmade gifts.
ISBN 978-85-7914-518-6

1. Artesanato 2. Atividades criativas 3. Trabalhos manuais I. Dorling Kindersley.

14-00597   CDD-745.5

Índices para catálogo sistemático:
1. Artesanato : Trabalhos manuais : Artes 745.5

Este livro segue as regras do Acordo Ortográfico da Língua Portuguesa (1990), em vigor desde 1º de janeiro de 2009.

Impresso na Hung Hing, China.

PUBLIFOLHA
Divisão de Publicações do Grupo Folha
Al. Barão de Limeira, 401, 6º andar
CEP 01202-900, São Paulo, SP
Tel.: (11) 3224-2186/2187/2197
www.publifolha.com.br

Sumário

Introdução	10	Máscara para dormir	138
		Cesta de mimos	142
Para a casa	12		
Almofada decorada	14	*Para quem ama pets*	144
Caderno personalizado	20	Tapete para brincar	146
Porcelana pontilhada	26	Ratinho de erva para gato	150
Fruteira de mosaico	32	Biscoito para cachorro	154
Álbum artesanal	38	Retrato em aplique	158
Tabuleiro de damas	46	Casaco xadrez para cachorro	162
Bijuterias	52	*Delícias para saborear*	166
Colar de contas	54	Biscoito amanteigado	168
Broche de feltro	60	Bombom trufado	178
Pingente de folha	64	Macaron colorido	182
Colar de crochê	70	Caramelo macio	186
Pulseira-colagem	74	Azeite temperado	190
Broche de crochê	78		
		Embalagens	194
Bolsas e acessórios	82	Caixa quadrada	196
Sacola estampada	84	Caixa para bijuteria	202
Cachecol trançado	90	Pirâmide	206
Bolsa de festa	96	Sacola de papel	210
Echarpe de seda pintada	102	Caixa com tampa torcida	216
Capa para celular e tablet	106	Papel estampado	222
Mimos para relaxar	110	*Moldes*	224
Sabonete de limão	112	*Passo a passo do crochê*	244
Kit de manicure	120	*Índice*	246
Vela decorativa	124	*Agradecimentos*	249
Nécessaire	130	*Autores*	250
Bomba de sais de banho	134		

Introdução

Nem sempre é fácil escolher algo que seja charmoso, exclusivo e em conta quando se quer presentear. Para fugir da tradicional caixa de bombons, uma alternativa é criar seus próprios mimos e oferecer algo inusitado e com um toque bem pessoal. Dedique algumas horas do seu tempo e o resultado será um grande sucesso, além de lhe proporcionar uma boa economia.

Cada proposta de *Presentes artesanais* vem com explicações passo a passo, ilustradas com fotos para garantir que seu trabalho tenha um acabamento profissional – o esforço valerá a pena. No final do livro, há os moldes necessários para realizar os projetos. Você também encontrará diversas ideias para personalizar ainda mais suas criações – inspire-se na pessoa que deseja presentear.

Os projetos incluem tanto itens simples como produtos mais sofisticados, variando no tempo e na habilidade exigidos. Por exemplo, um colar de contas poderá ser feito em crochê ou numa técnica mais simples, como o macramê. Descubra como criar presentes pode ser uma atividade prazerosa. E lembre-se: você também merece ganhar alguns!

Para a casa

Almofada decorada

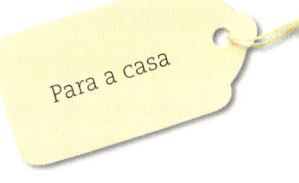
Para a casa

Com apliques variados em tecido, botões e pontos decorativos, você terá um presente simpático e criativo sem gastar muito. É perfeito para um quarto infantil ou para alguém que acabou de se mudar.

Você vai precisar de:

Utensílios: caneta pincel lavável • papel vegetal • ferro a vapor • tesoura para tecido • alfinete • máquina de costura • agulha • linha de algodão para costura *Materiais:* entretela termocolante • tecido de algodão (marrom, branco e floral cor-de-rosa) • feltro verde • capa para almofada • botões brancos (8 pequenos e 4 grandes)

1
Amplie os moldes de flores (p. 226) conforme o tamanho da sua almofada. Risque o contorno das figuras (exceto as folhas) sobre a entretela termocolante.

2
Corte a entretela e passe a ferro sobre o tecido escolhido para cada forma: algodão marrom para o pássaro e o galho; branco para as doze pétalas; e floral cor-de-rosa para os doze miolos.

Recorte as figuras com cuidado.

Faça o molde da folha em papel. Coloque sobre o feltro, risque e recorte seis folhas. Como o feltro não desfia, não é necessário utilizar a entretela.

Costure os apliques à máquina com linha de algodão em cor contrastante. A costura deve ficar a cerca de 3-5 mm da borda.

Una as flores maiores aos miolos grandes, e as menores, aos pequenos. Posicione as flores e as folhas sobre a capa de almofada e prenda-as com alfinetes.

5

Coloque a capa para almofada sobre uma superfície plana e posicione o pássaro e o galho. Prenda-os com alfinetes ou faça pontos de alinhavo.

8

Encaixe algumas folhas por trás das flores para criar um efeito natural. Costure o centro das folhas à mão com linha da mesma cor. Utilize 4 ou 5 pontos-atrás.

9

Costure os botões grandes e pequenos no centro das flores, prendendo-as à almofada.

Almofada com castelo

Use e abuse da criatividade para esse motivo. O molde da p. 228 é o ponto de partida para uma figura básica. Utilize tecido com efeito de couro para a porta levadiça e as janelas. Escolha uma cor viva para a bandeira. O príncipe e a princesa são feitos de retalhos de feltro e ficam presos à almofada com fitas de cetim de 1 cm de largura, para não se perderem! Você pode fazer as personagens ou utilizar bonequinhos de pano comprados prontos. Faça bolsos no aplique para encaixar os bonecos.

}*Dica: utilize os moldes da p. 229 para fazer os bonecos. Faça os cabelos com lã e desenhe ou borde os rostinhos.*

Almofada com caveira

Diversão garantida para crianças de todas as idades, principalmente as fãs de piratas! O molde para esse projeto está na p. 227. Recorte a caveira e os ossos em feltro preto. Posicione-os e alinhave-os sobre a capa para almofada. Costure à máquina em linha branca, acompanhando o contorno das figuras. Faça os olhos e os dentes em feltro branco e costure-os à mão.

Almofada com guitarra

Um toque especial para o quarto de um adolescente. Utilize o molde da p. 227 para fazer o instrumento em feltro ou camurça nas cores preto e branco. Alinhave e costure primeiro o corpo da guitarra com linha de cor contrastante. Costure a parte branca central com linha branca. Acrescente os detalhes em preto com linha em outra cor que apareça bem. Complete fazendo as cordas com fitas brancas costuradas sobre o aplique. Você também pode fazer uma almofada com teclas de piano ou partes de uma bateria.

Caderno personalizado

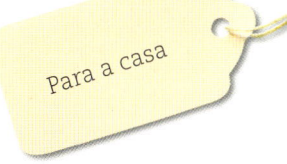
Para a casa

Pensamentos e anotações pessoais podem ser registrados com muito charme nesse diário. Para que o acabamento fique perfeito, é necessário caprichar em todas as etapas, fazendo cada detalhe com precisão.

Você vai precisar de:

Utensílios: dobradeira • faca • lápis • régua metálica • base para corte • agulha para costura
Materiais: 6 folhas de papel A3 de alta gramatura (80-150 g/m²) creme ou branco • 1 folha de papel A3 estampado para a capa • linha branca

 1
Dobre cada folha A3 creme ou branca ao meio, juntando os lados mais curtos do papel paralelamente à fibra. Marque o vinco das dobras com a dobradeira.

 2
Com uma faca ou abridor de carta, corte no vinco até ultrapassar um pouco a metade da dobra.

3
Dobre cada folha o meio, unindo os lado menores. Vinque e corte ao longo da dobra até pouco depois da metade. Dobre ao meio de novo, junte os lados menores e vinque. Empilhe as folhas dobradas.

4
Para a capa: dobre o papel estampado ao meio, unindo os lados maiores. Marque o vinco com a dobradeira.

7
Pressione com a dobradeira o vinco ao longo da segunda linha a lápis que foi traçada. O espaço entre as duas dobras será a lombada do caderno.

8
Meça a altura da capa e divida a medida em cinco partes iguais. Marque cada seção da lombada e faça cortes sobre elas com o estilete.

 5
Dobre a folha ao meio novamente, juntando os lados menores. Marque o vinco com a dobradeira.

 6
Abra a capa e trace uma linha ao longo do vinco. Pressione a pilha de folhas sobre a capa e meça a altura. Marque a mesma distância da altura em um dos lados da dobra. Trace mais uma linha.

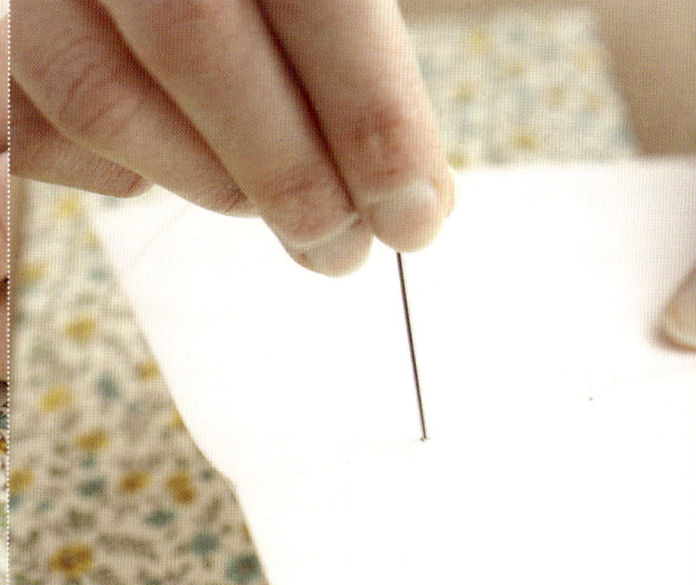

 9
Faça linhas nas dobras da pilha de folhas, respeitando as distâncias entre as fendas na lombada.

10
Abra cada folha de papel e perfure-a com a agulha sobre a marca. Cada folha terá quatro furos em intervalos regulares. Coloque a linha na agulha.

11
Coloque uma folha sobre a capa. Introduza a agulha no primeiro furo (furo A) e na primeira fenda (fenda A) pela parte interna. Passe a agulha ao redor da parte superior da lombada e dê um nó.

12
Insira a agulha pelo furo B, de dentro para fora, saindo pela fenda B. Passe a linha sobre a lombada e leve a agulha para dentro, passando-a pela fenda C e pelo furo C.

15
Acrescente e prenda as demais folhas. Quando terminar, passe a agulha ao redor da parte superior do caderno, por baixo de um dos pontos. Faça um nó na parte interna.

16
Dobre a capa sobre as folhas e pressione, marcando a extremidade com os dedos.

 13

Introduza a agulha pelo furo D e pela fenda D. Passe a linha ao redor da parte inferior da lombada e passe a agulha pelo furo D. Aperte a linha.

 14

Coloque mais uma folha dobrada. Passe a agulha para a parte interna pelo furo 2D e ao redor da parte inferior da lombada. Retire a agulha pela fenda D e o furo 2D. Prenda a segunda folha como fez com a primeira.

 17

Volte a dobrar o papel para baixo para formar a orelha da capa do caderno. Faça o mesmo no outro lado.

 18

Separe as folhas dobradas com a faca para soltar as páginas.

Porcelana pontilhada

Para a casa

Pintar nesse material é bem mais simples do que parece. Quase todos os desenhos feitos com linha podem ser transformados em um tracejado de pontinhos. Quando você dominar a técnica, experimente criar seus próprios desenhos.

Você vai precisar de:

Utensílios: tesoura • caneta esferográfica

Materiais: vaso de porcelana • lenços umedecidos ou pano úmido • papel-carbono • fita-crepe • caneta preta (ou tinta) para porcelana

 1
Limpe o vaso para retirar todo pó e gordura. Faça uma cópia reduzida ou ampliada do molde (p. 240), de acordo com o tamanho do vaso.

 2
Coloque uma folha de papel-carbono por trás do molde e recorte o motivo de dente-de-leão. Recorte também as sementes avulsas.

3

Prenda o molde de dente-de-leão na parte da frente do vaso com o papel-carbono por baixo. Posicione as sementes em volta e em um dos lados adjacentes.

4

Contorne o desenho sobre o vaso utilizando a caneta esferográfica. Faça linhas contínuas sobre os pontinhos para que os traços fiquem bem visíveis.

7

Siga o molde e complete o desenho com pontinhos. Mantenha sempre a mesma distância entre os pontos e trabalhe rapidamente para evitar o acúmulo de tinta. Faça pequenas linhas contínuas nas pontas das sementes e preencha-as com pontinhos.

5
Retire o molde e veja se o traçado ficou evidente. Se não estiver bom, limpe o vaso novamente e repita o processo, decalcando com mais firmeza.

6
Com a caneta ou tinta para porcelana, faça o caule da flor com um traço contínuo.

8
Repita os passos 4-7 para decorar o segundo lado do vaso. Espere a tinta secar e repita o processo nos outros dois lados.

9
Siga as instruções do fabricante da caneta ou da tinta para fixar o produto. Quando secar completamente, limpe o traçado em carbono com um lenço ou pano umedecido.

Caneca e porta-copo

Aplique a técnica da Porcelana pontilhada (pp. 26-9) para fazer esses mimos delicados. Utilize os moldes da p. 241. Ao fazer os pontinhos, lembre-se de trabalhar da esquerda para a direita (ou, se você for canhoto, da direita para a esquerda) para não borrar o traço recém-pintado.

Dica: faça um conjunto de canecas com o mesmo desenho em cores diferentes — uma para cada membro da família.

Prato com bandeirinha

Em geral, não é recomendável que alimentos tenham contato com porcelana pintada à mão (é sempre bom verificar as orientações na embalagem da tinta ou da caneta), mas você pode utilizar a técnica dos pontos para pintar pratos decorativos e fazer um presente exclusivo para comemorar uma data festiva. Use o molde (p. 241) para transferir o desenho para o prato. Trace as linhas pretas e espere secar. Depois, preencha as bandeirinhas com pontos coloridos.

Dica: pinte uma letra em cada bandeira, formando uma frase ou o nome de quem você irá presentear.

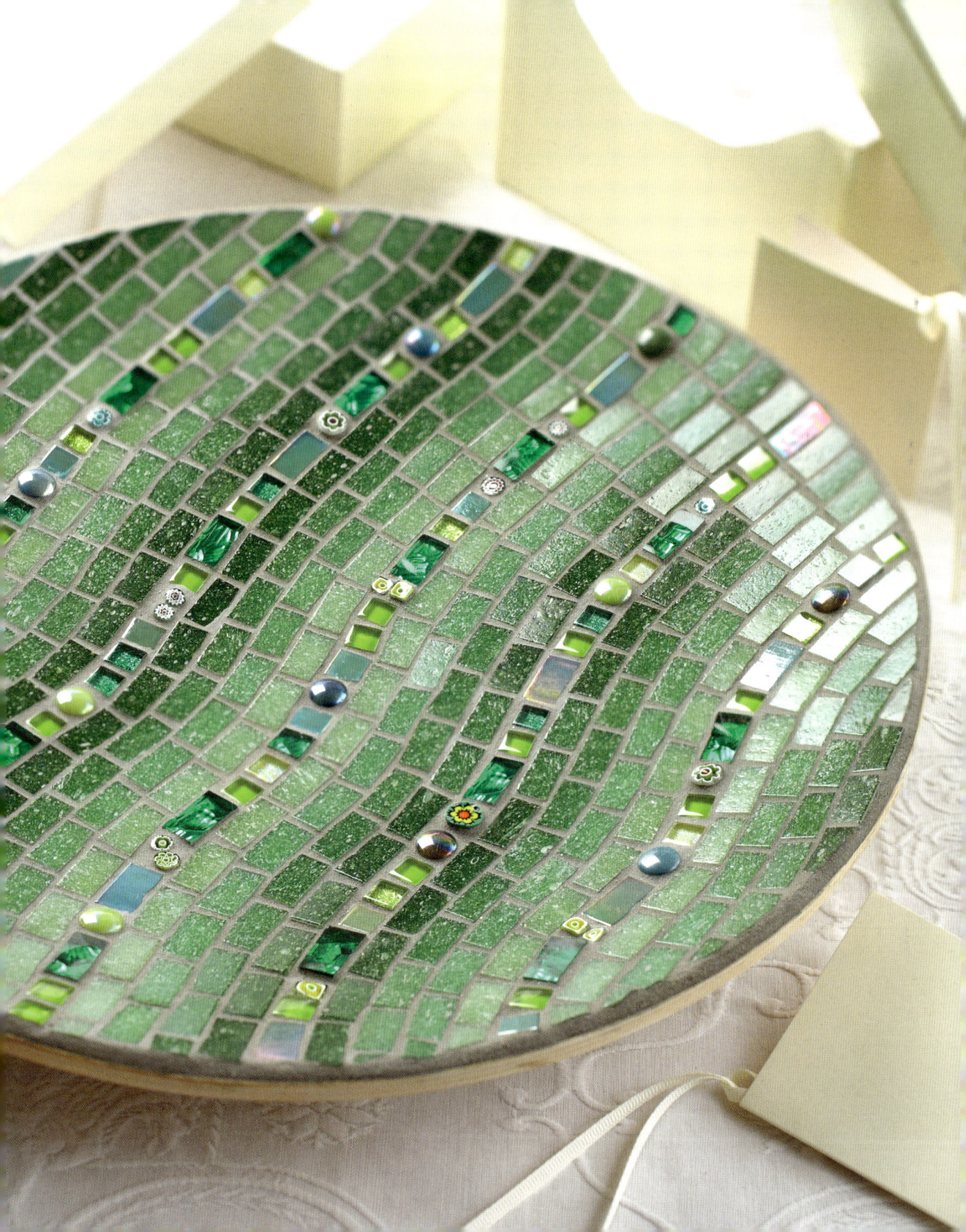

Fruteira de mosaico

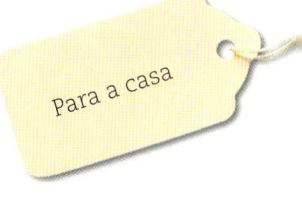
Para a casa

Para fazer essa peça charmosa, as pastilhas coloridas são coladas diretamente sobre a base e depois rejuntadas. A superfície não ficará totalmente lisa – e a sua fruteira terá um acabamento texturizado.

Você vai precisar de:

Utensílios: lápis tipo B • torquês ou alicate para mosaico • luvas de borracha • máscara e óculos de proteção • espátula flexível • esponja • pano seco *Materiais:* fruteira de madeira • pastilhas em diversos tons de verde • contas de costas planas e millefiori de 5 mm • cola branca • rejunte

1
Trace uma linha ondulada na fruteira a cerca de 4,5 cm da borda. Faça outra linha ondulada aproximadamente 1,5 cm abaixo da primeira. Essa será a primeira carreira enfeitada do mosaico.

2
Prepare as pastilhas: retire o papel colado na parte de trás. Separe as pastilhas simples das decorativas. Agrupe-as de acordo com suas cores e tipos.

3

Coloque os óculos de proteção e corte as pastilhas que irão enfeitar a fruteira. Segure cada pastilha entre o polegar e o indicador. Pressione o alicate e corte-a em quatro.

4

Posicione as pastilhas e as peças decorativas entre as linhas onduladas. Alterne as brilhantes com as foscas e as arredondadas com as retangulares para compor um padrão variado.

7

Complete uma carreira por vez, aumentando ou diminuindo o tom de verde a intervalos regulares. Quando terminar, deixe secar de um dia para o outro.

8

Utilizando as luvas e a máscara protetora, espalhe uma camada generosa de rejunte sobre o mosaico, em todas as direções. Lembre-se de cobrir também as bordas externas da fruteira.

5

Retire as peças da fileira, uma a uma, mantendo a ordem. Passe um pouco de cola por baixo de cada peça e cole na fruteira a intervalos regulares.

6

Componha as carreiras de pastilhas simples com peças cortadas ao meio (veja a etapa 3), começando pelas mais claras. Cole-as acima e abaixo da carreira enfeitada. Corte as beiradas, se necessário.

9

Retire o excesso de rejunte com uma esponja úmida. Espere 20 minutos e volte a passar a esponja delicadamente, antes que endureça.

10

Quando o rejunte estiver completamente seco, retire os resíduos com um pano limpo para polir o mosaico.

Porta-joias com coruja

Você vai precisar de:
caixa de madeira
pastilhas de cerâmica vitrificada
  e não vitrificada
contas de vidro
rejunte branco
feltro para a base

Crie uma graciosa caixa para joias utilizando a técnica da Fruteira de mosaico (pp. 33-5). Trace o desenho na tampa (veja o molde na p. 238) e cubra a caixa com cola branca diluída em água. Preencha o desenho colando as peças decorativas e as pastilhas inteiras. Corte as pastilhas restantes para encaixá-las e complete a coruja. Por fim, preencha a área ao redor da figura com pastilhas irregulares, cortadas aleatoriamente. Espere secar e aplique o rejunte na tampa e na base, um lado por vez. Espere cada lado secar bem antes de iniciar o seguinte. Cole o feltro na base e a caixa estará pronta.

Espelho florido

Você vai precisar de:
espelho com moldura de madeira
  larga e plana
pastilhas e enfeites de vidro
rejunte branco

Utilize a técnica da Fruteira de mosaico (pp. 33-5). Trace o desenho conforme o molde (p. 239) e passe cola branca diluída em água na moldura, se necessário. Comece pelas flores. Corte as pastilhas com o alicate para formar as pétalas e faça o miolo com um enfeite amarelo. Em seguida, faça os ramos com folhas. Preencha os espaços vazios encaixando pastilhas com formatos aleatórios. Cole pastilhas cortadas ao meio nas bordas laterais da moldura. Proteja o espelho com fita-crepe e cubra a moldura com rejunte. Os cantos da moldura devem ficar bem retos.

Luminária esférica de madeira

Você vai precisar de:
luminária esférica de madeira
cacos de louça antiga
pastilhas e enfeites de vidro
rejunte branco
feltro para a base

A técnica para fazer a luminária de mesa é a mesma da Fruteira de mosaico (pp. 33-5), mas você irá utilizar cacos de louça antiga. Trace o desenho na luminária, conforme o molde (p. 239), e cubra a peça com cola branca diluída em água. Cole os enfeites primeiro. Acerte os cacos de louça no formato das pétalas. Em seguida, cole pastilhas inteiras e preencha a área ao redor do desenho com cacos. Trabalhe pequenas áreas por vez. Se necessário, prenda os cacos com fita-crepe até secarem. Aplique o rejunte e deixe secar. Cole o feltro na base para o acabamento.

Porta-copo com motivo marítimo

Você vai precisar de:
quadrados de MDF
pastilhas coloridas
rejunte cinza

O porta-copo inspirado no mar é feito com quadrados de MDF e é utilizada a técnica de mosaico (pp. 33-5). Você pode usar o molde da p. 238 ou criar seu próprio desenho. Trace o contorno a lápis no porta-copo. Corte as pastilhas no formato desejado e preencha o desenho. A superfície deve ficar bem plana, uma vez que servirá para apoiar copos ou canecas. Complete a peça colando pastilhas quadradas ao redor do motivo. Cubra com rejunte, lembrando-se das bordas.

Álbum artesanal

Para a casa

Faça as páginas em papel acid-free de alta gramatura (150-240g/m^2) para proteger as fotos e escolha uma fita bem resistente para fazer a encadernação – assim a peça durará muitos anos.

Você vai precisar de:

Utensílios: estilete • régua metálica • base para corte • agulha grossa **Materiais:** folhas de cartolina branca ou creme • 3 pedaços de fita com 15 cm de comprimento • fita-crepe • 3 pedaços de linha resistente com 1 m de comprimento • 2 folhas de papelão com 2-3 mm de espessura • 2 folhas de papel estampado • cola branca (PVA) • glassine ou papel-manteiga • pincel grosso

1 Dobre a cartolina no sentido da largura e do comprimento para verificar em qual deles o papel resiste menos.

2 Se a cartolina se dobrar mais facilmente no sentido vertical, utilize o molde (p. 236) e corte dezoito retângulos: quinze para as páginas, dois para o acabamento das capas e um para servir de molde.

3

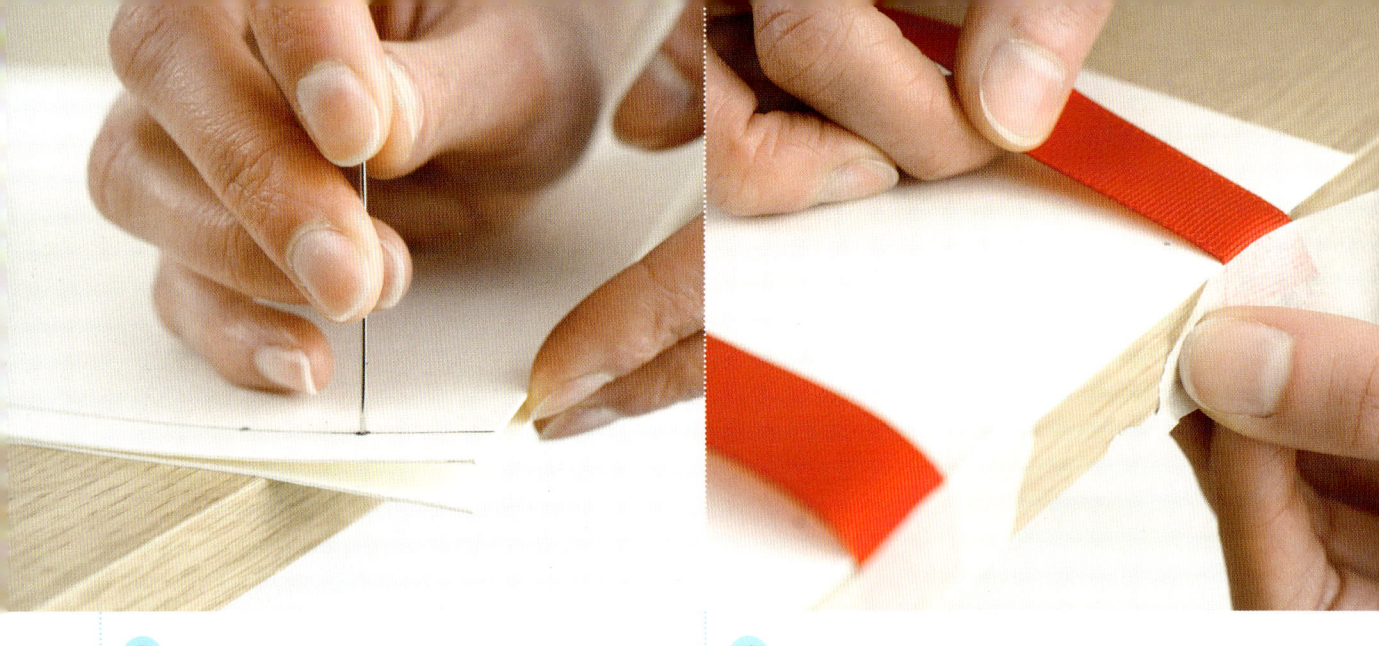

Faça a marcação dos furos em uma das folhas, que será o seu molde para a costura. Alinhe as páginas com o molde, uma por uma, e perfure-as com a agulha nos locais marcados.

4

Posicione uma folha na beirada de uma mesa, com os furos paralelos à borda. Coloque os três pedaços de fita entre cada par de furos. Prenda as fitas à lateral da mesa com fita-crepe.

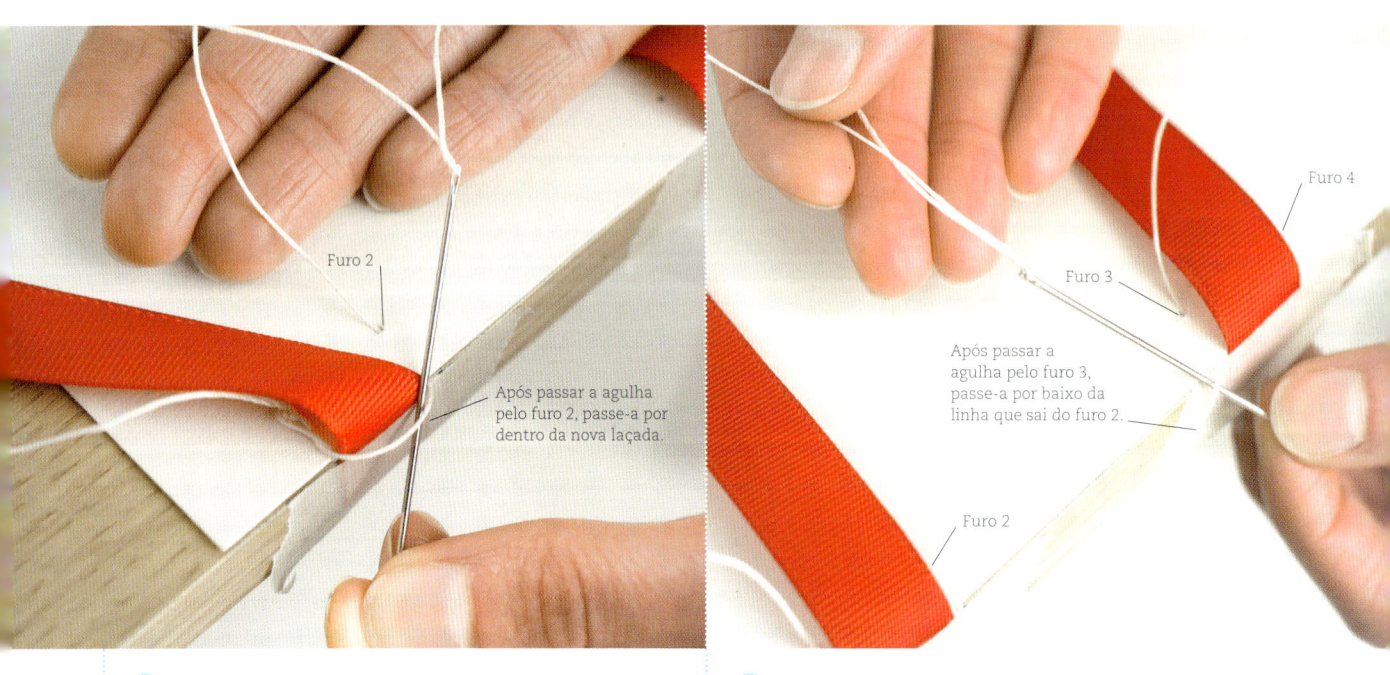

7

Após passar com a agulha pelo segundo furo, dobre as fitas sobre o papel, por baixo da laçada que se formou. Não puxe com muita força – as laçadas devem ficar levemente soltas.

8

Passe a agulha pelo furo 3, de baixo para cima, passando sob a linha que sai do furo 2. Passe-a pelo furo 4, de baixo para cima, por dentro da nova laçada (veja a etapa 7).

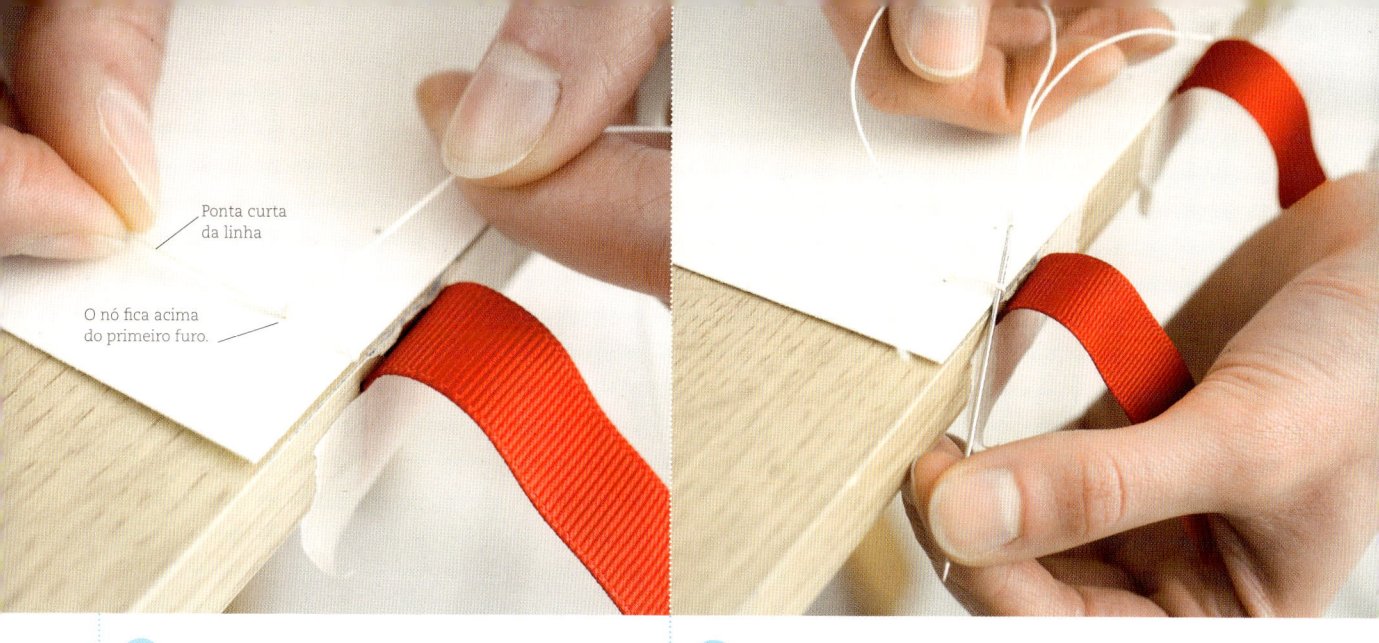

Ponta curta
da linha

O nó fica acima
do primeiro furo.

5
Afaste as fitas do papel. Passe a agulha com 1 m de linha pelo primeiro furo, de cima para baixo. Dê uma volta e faça um nó duplo sobre o furo.

6
Passe a agulha por baixo da laçada que você acabou de fazer, da direita para a esquerda, e puxe a linha. Passe por baixo da fita e pelo segundo furo, de baixo para cima.

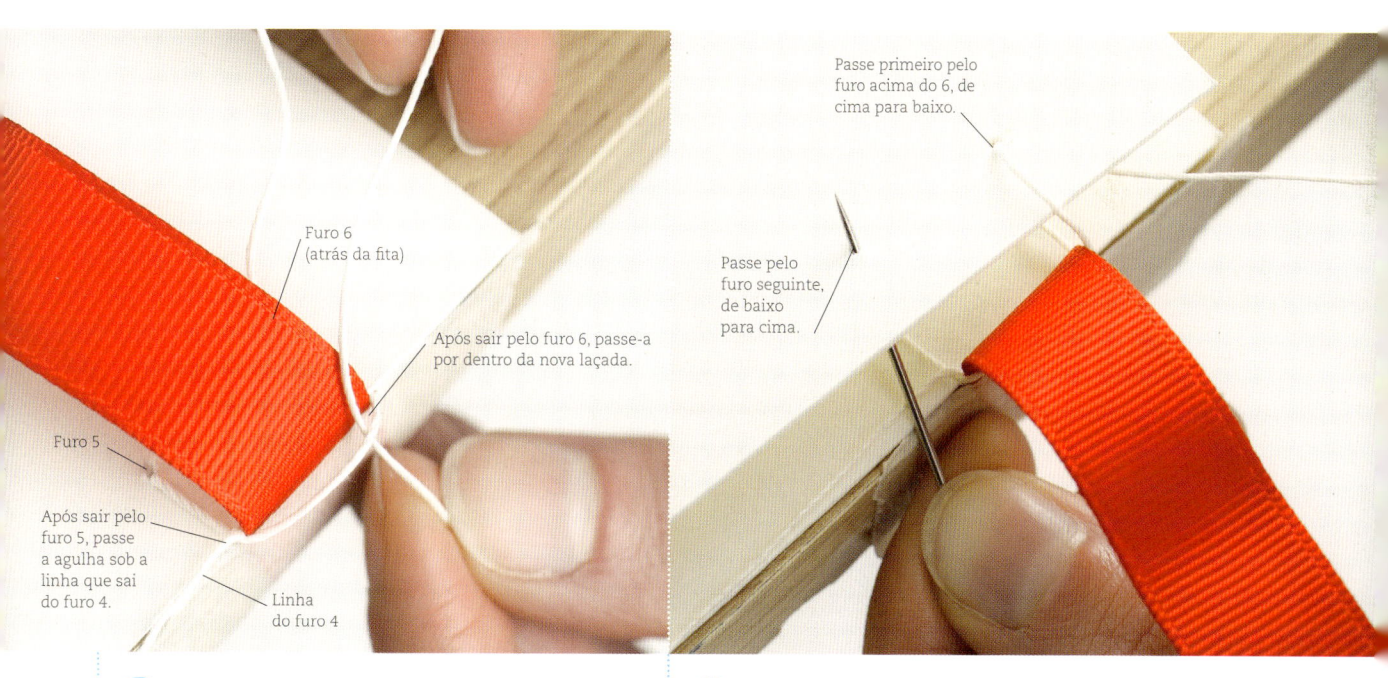

Furo 6
(atrás da fita)

Após sair pelo furo 6, passe-a por dentro da nova laçada.

Furo 5

Após sair pelo furo 5, passe a agulha sob a linha que sai do furo 4.

Linha do furo 4

Passe primeiro pelo furo acima do 6, de cima para baixo.

Passe pelo furo seguinte, de baixo para cima.

9
Faça o mesmo nos furos 5 e 6: passe pelo furo 5, de baixo para cima, levando a agulha por baixo da linha que sai do furo 4; puxe a agulha para cima pelo furo 6 e por dentro da laçada.

10
Acrescente a segunda página. Puxe a agulha pelo furo acima do furo 6, de cima para baixo, sobre a fita, e passe a agulha para cima pelo furo seguinte. Repita as etapas 7 a 9 no sentido oposto, sem passar pela última laçada.

11

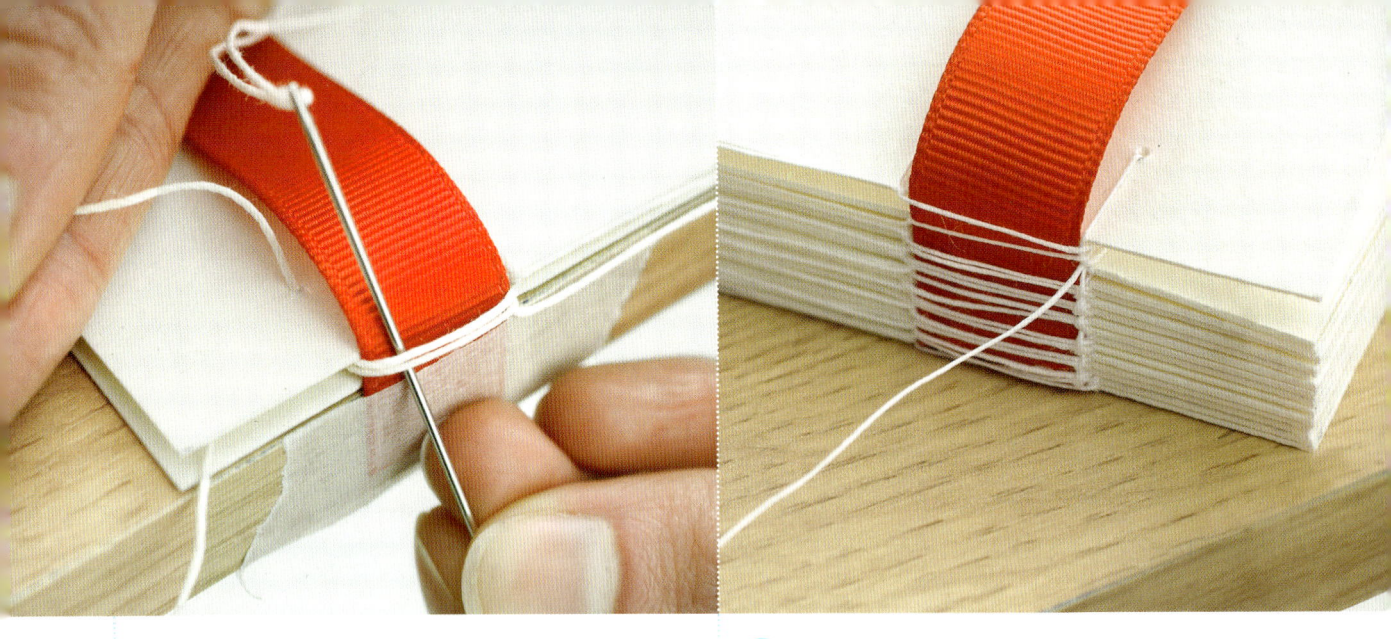

Após puxar a agulha pelo último furo da segunda página, passe-a por dentro das duas laçadas. Acrescente a próxima página e passe a agulha pelos primeiros dois furos, como na etapa 10.

12

Repita as etapas 7-11 para as 13 páginas restantes, sempre prendendo as laçadas de duas em duas. Quando a linha acabar, emende mais com um nó bem firme.

Marque o sentido da dobra com uma seta.

14

Corte duas capas em papelão 3 mm maiores que as páginas em cima, embaixo e em uma lateral. Corte 2 folhas de papel estampado, 2 cm maiores que as capas em todos os lados. Passe cola nas capas.

15

Com o sentido da fibra na vertical, centralize as capas, com a cola para baixo sobre o papel estampado. Apare os cantos em diagonal e cole o papel excedente sobre o papelão.

13

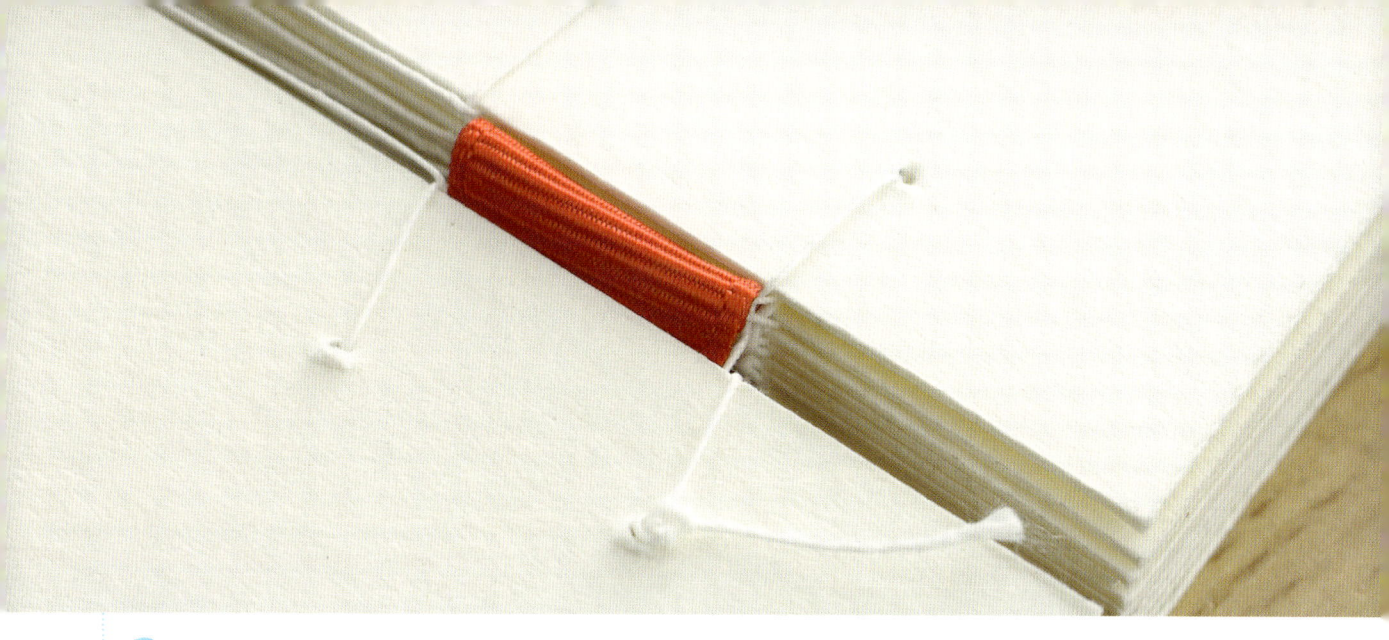

Com o álbum fechado, empurre a agulha por baixo da primeira página. Abra a primeira página e puxe a linha. Introduza a agulha pelo primeiro furo da segunda página. Vire a página, puxe a linha e dê um nó no outro lado da segunda página. Corte a linha.

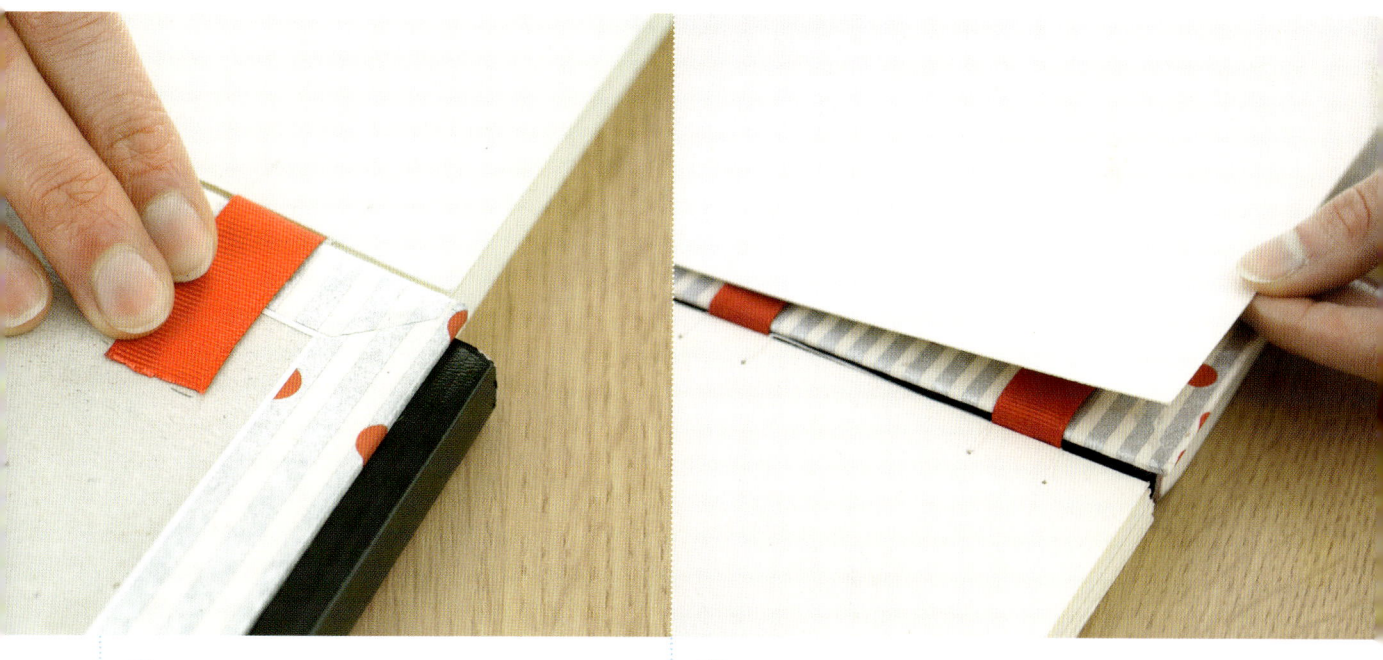

16

Coloque uma das capas sobre um livro com a mesma espessura do álbum para nivelar. Cole as pontas das fitas na parte interna da capa. Faça o mesmo com a outra capa. Apare as fitas.

17

Cole as páginas de acabamento (forro) na parte interna das capas para esconder as fitas. Coloque papel vegetal entre as capas e a primeira página de ambos os lados. Deixe secar de um dia para o outro com um peso por cima.

Para a casa

Álbum retrô

Após aprender as técnicas de encadernação explicadas nas pp. 39-43, você poderá criar inúmeras versões para esse presente, conforme a finalidade e a pessoa que irá recebê-lo. Com um toque de nostalgia, esse mimo é ideal para guardar fotos dos familiares mais queridos. Você pode montá-lo na horizontal e usar dois pares de fitas estreitas ao encadernar. Se quiser criar um efeito ainda mais antigo, parecido com as encadernações do passado, você pode colar as fitas diretamente sobre as capas, sem escondê-las.

Dica: as páginas também podem ser coloridas — cor-de-rosa ou azul, para álbuns de bebês, e pretas, para fotos em preto e branco.

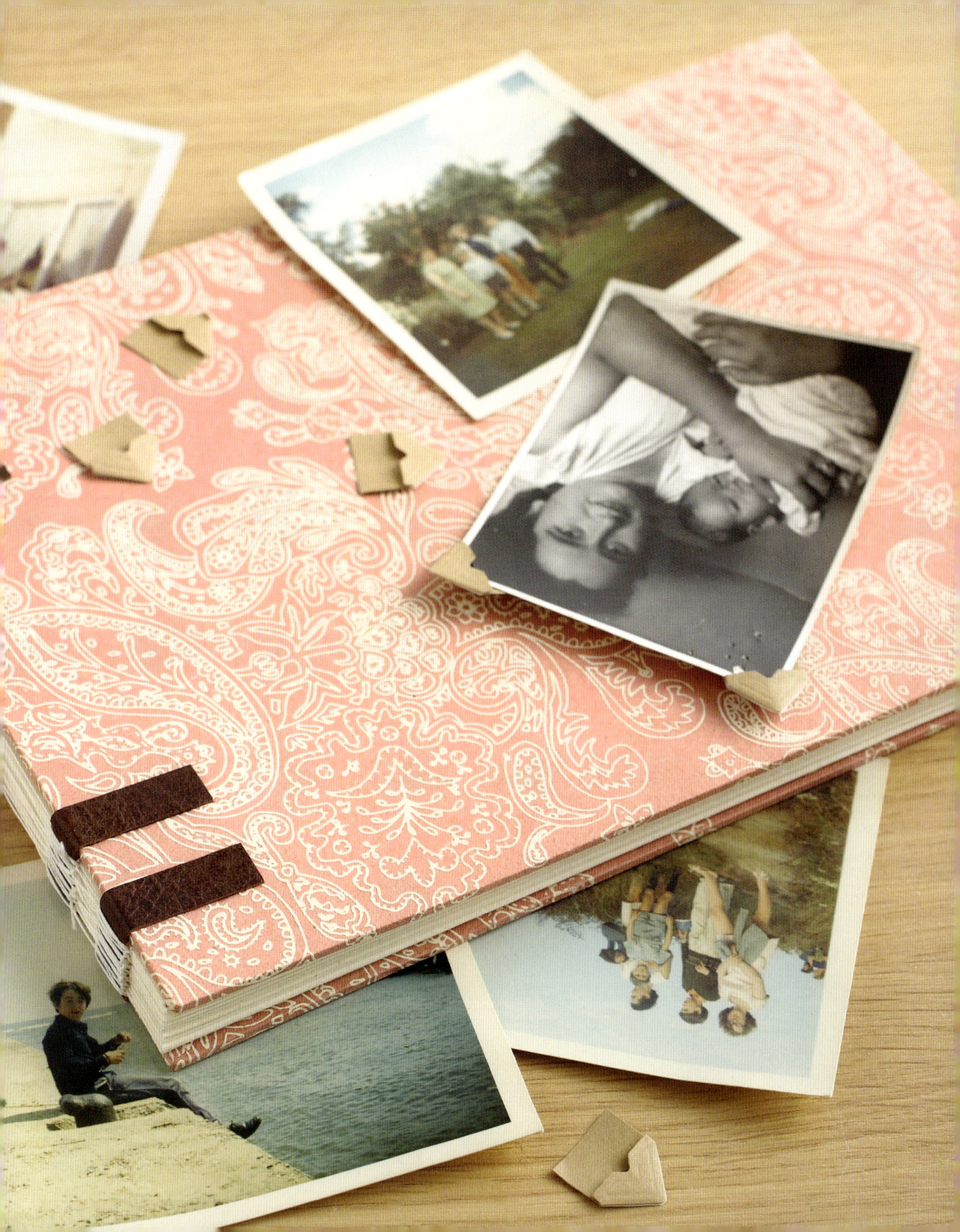

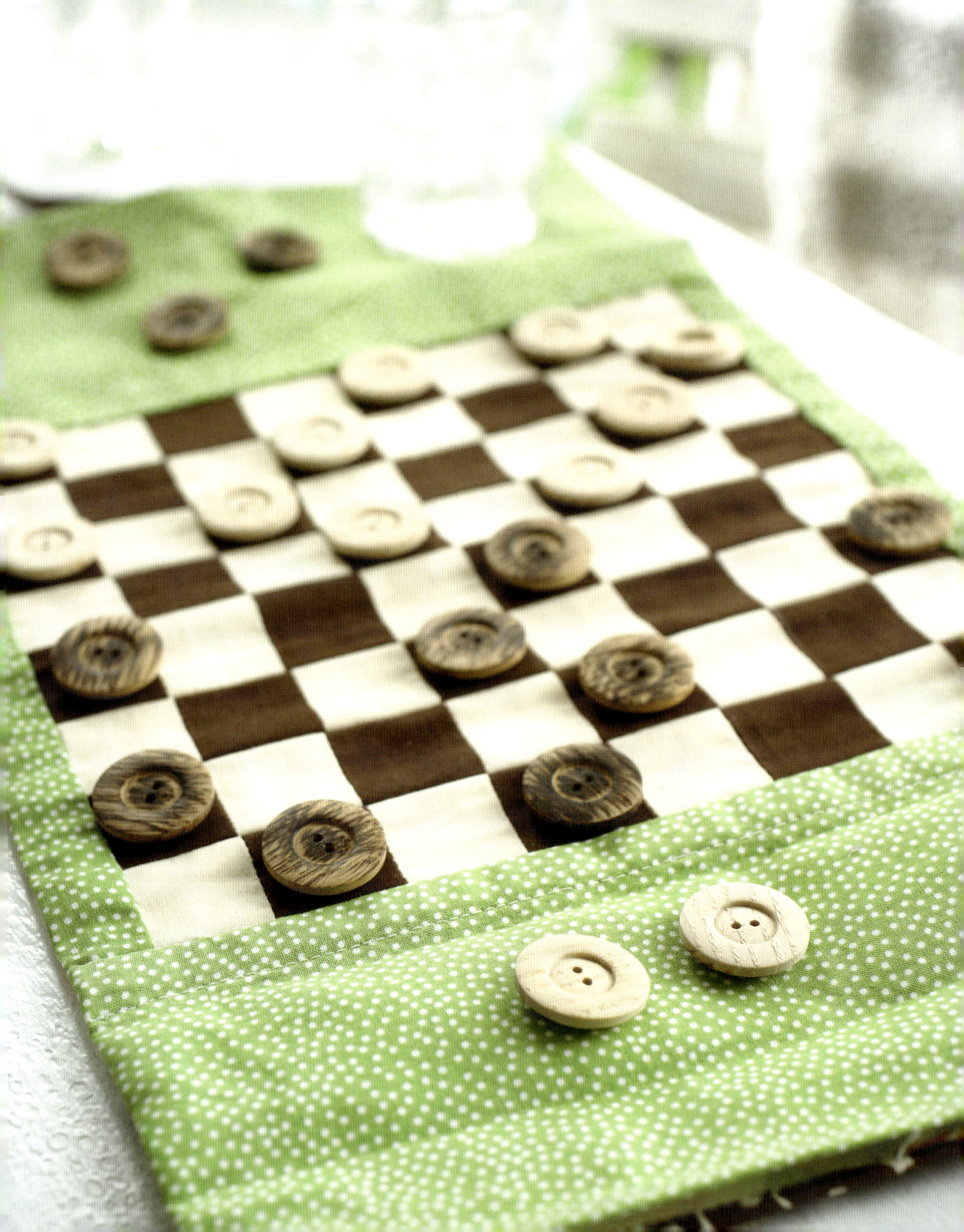

Tabuleiro de damas

Para a casa

Esse presente criativo é muito prático para viagens: pode ser enrolado e vem com um bolso para guardar as pedras do jogo. A parte de cima é feita em patchwork com tiras de tecido, e você nem precisará costurar os retalhos um a um.

Você vai precisar de:

Utensílios: tesoura para tecido • máquina de costura • alfinetes • ferro de passar

Materiais: tecido liso marrom e cor-de-rosa • tecidos estampados (2 estampas diferentes) • linha de algodão para costura • entretela • 1 botão com 3 cm de diâmetro • fita estreita • botões em 2 cores diferentes para as pedras do jogo

1
Meça e corte os tecidos conforme os moldes da p. 229. Costure uma tira clara a uma escura a 1 cm da borda.

2
Una mais uma tira clara à primeira faixa escura. Acrescente as tiras restantes, uma por vez, alternando as cores. Passe a ferro as tiras unidas. Você terá uma peça com 29 cm de largura.

3

Trace linhas sobre as tiras a cada 5 cm. Corte sobre as linhas até formar oito faixas largas. Una as faixas com alfinetes, formando o quadriculado. Em cada faixa, um quadradinho ficará sobrando.

4

Costure a 1 cm das bordas, unindo as faixas. Passe a ferro para deixar as costuras bem planas. Apare os quadradinhos que sobraram nas beiradas, deixando uma borda de 1 cm. O tabuleiro terá 8 x 8 quadradinhos.

7

Posicione as duas faixas estreitas do tecido interno em lados opostos do tabuleiro, direito com direito. Una com alfinetes e costure a 1 cm da borda. Abra as costuras e passe a ferro.

8

Costure as duas peças de tecido interno restantes aos demais lados do tabuleiro, a 1 cm da borda. Passe a ferro.

5

Cole a entretela no lado avesso dos tecidos: o de 30 cm x 50 cm, que ficará na parte externa, e em uma das peças de 30 cm x 14 cm, que ficará na parte interna.

6

Faça uma bainha dupla, dobrando 5 mm do tecido externo com a entretela, e costure. Repita o procedimento no lado mais longo do tecido interno com a entretela. Essas serão as bordas do bolso.

9

Una o lado direito do tecido externo ao lado direito do tecido interno, alinhando bem as bainhas do bolso (veja a etapa 6). Prenda com alfinetes e costure deixando uma folga de 1 cm ao longo de 3 lados. Deixe as beiradas do bolso abertas.

10

Faça uma barra delicada para dar acabamento à borda do bolso. Utilize-o para guardar as pedras do jogo.

11

Costure um botão de 3 cm no centro da parte externa do tabuleiro, no lado oposto ao bolso. Deixe um espaço de 1,5 cm entre o botão e a borda. Passe uma fita estreita pelos furos do botão.

12

Dê um nó na fita por trás do botão. Enrole o tabuleiro com as peças dentro do bolso e prenda amarrando a fita em volta. Feche com a fita em volta do botão.

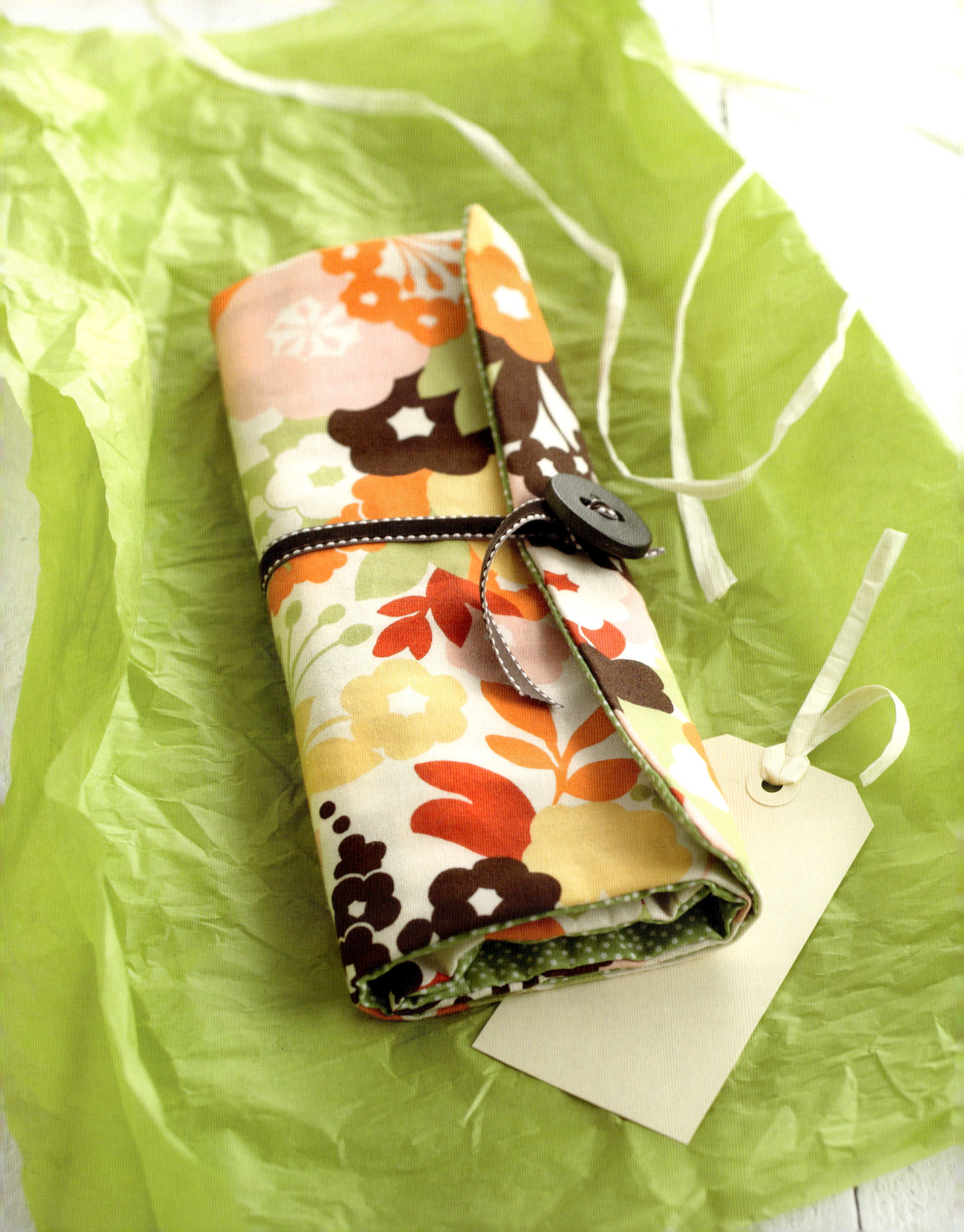

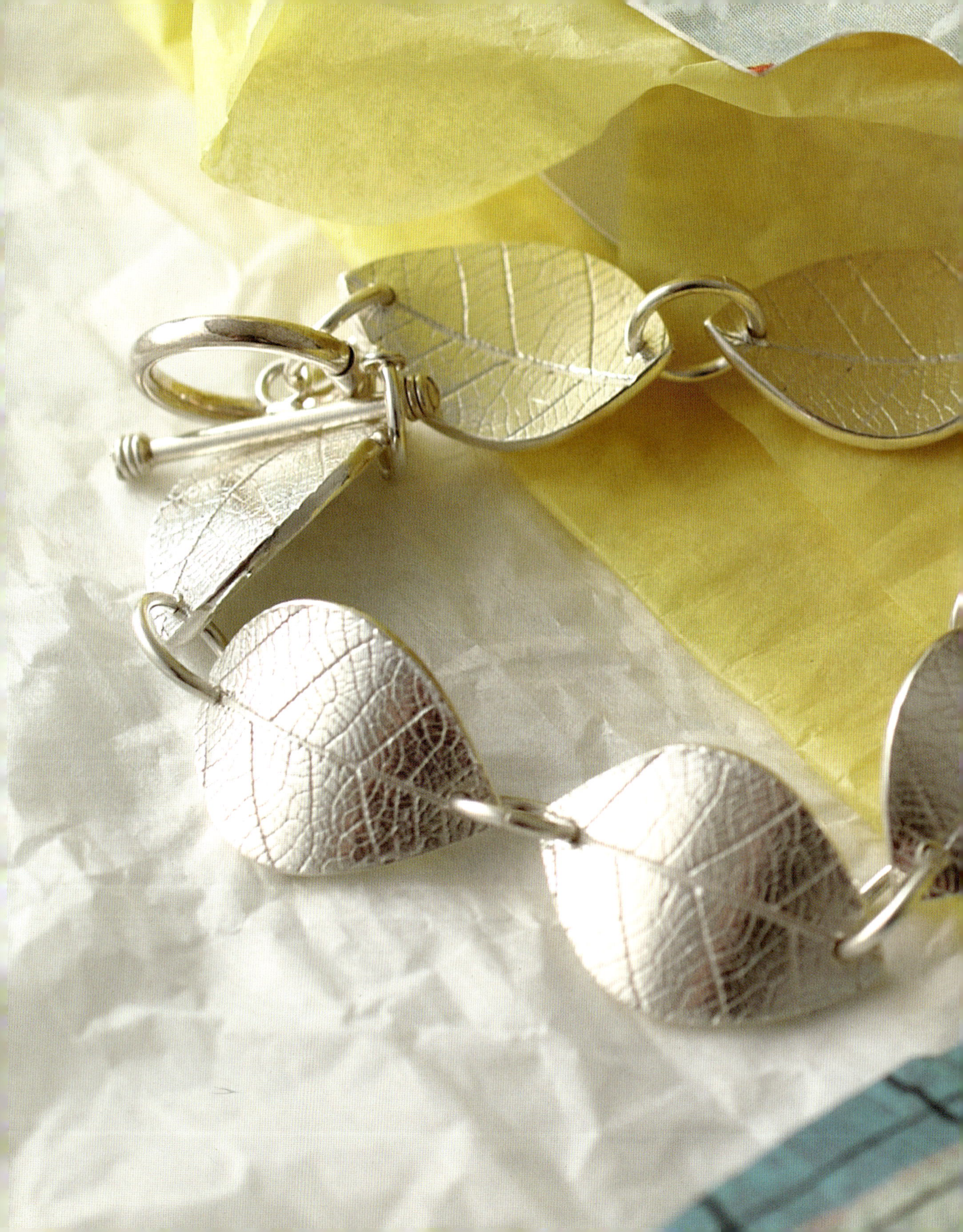

Bijuterias

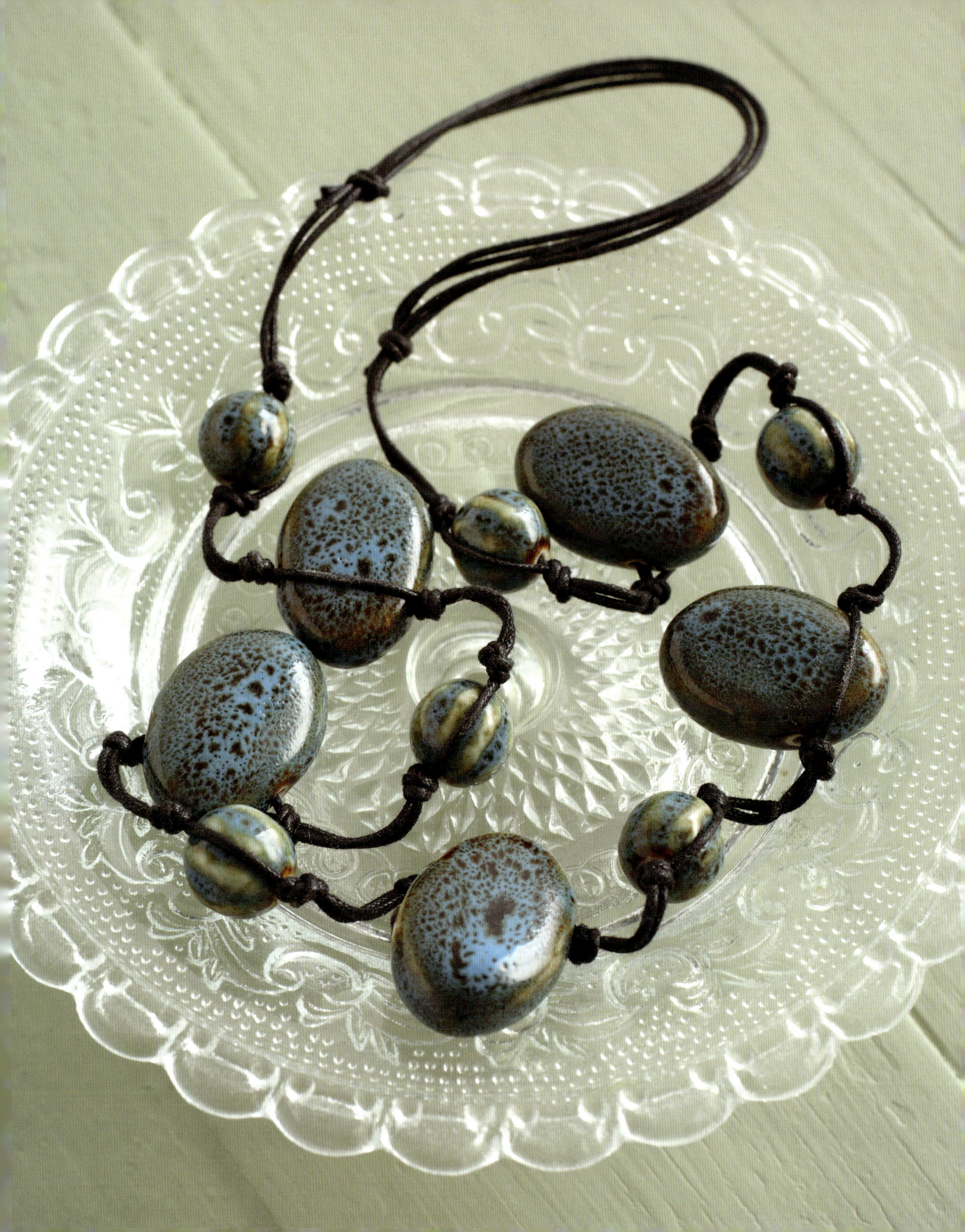

Colar
de contas

Bijuterias

Crie uma peça exclusiva utilizando esta técnica simples de amarração com nós. Escolha as contas para obter uma composição bonita, pois existem inúmeras opções: de porcelana, de vidro, esmaltadas e pintadas à mão.

Você vai precisar de:

Utensílios: tesoura

Materiais: um rolo de cordão encerado preto, com 1 mm de diâmetro
- 5 contas grandes • 6 contas pequenas

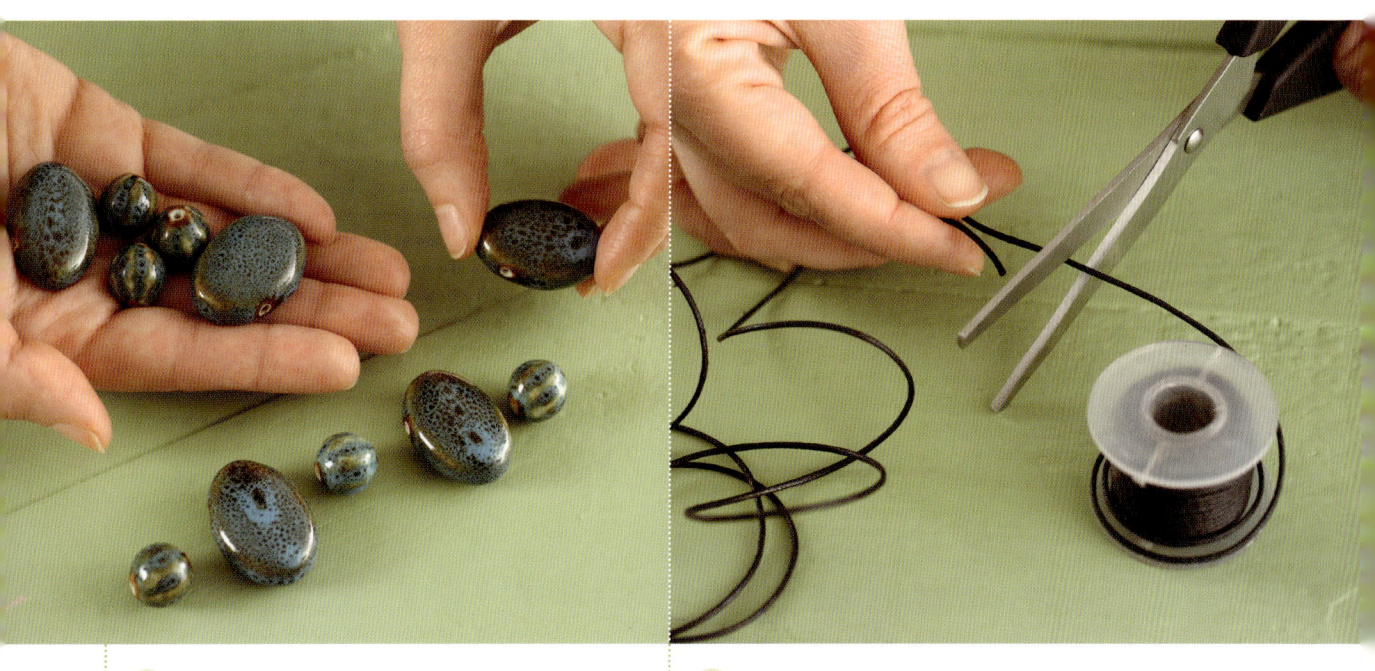

1
Utilize contas com furos grandes o suficiente para passar o cordão. Decida a ordem das contas no colar e posicione-as sobre a superfície de trabalho.

2
Corte dois pedaços de cordão com aproximadamente o dobro do comprimento que você deseja para o colar. Experimente enrolar o cordão ao redor do pescoço para avaliar melhor o tamanho.

3

Coloque os dois cordões lado a lado. Dobre-os ao meio e faça um nó na metade do comprimento. Não é necessário calcular com muita precisão, pois o cordão será aparado no final.

4

Pegue a conta que ficará no centro do colar e passe um dos fios de cada lado por dentro dela. Deslize-a até o primeiro nó.

7

Pegue a conta seguinte e passe um dos fios por ela. Passe o fio solto por trás da conta e prenda-a amarrando os dois fios juntos.

8

Faça o mesmo com a conta seguinte do colar, sempre deixando um intervalo de 2 cm. Repita até terminar um dos lados do colar. Introduza e amarre as contas do outro lado do mesmo jeito.

5
Passe os fios soltos por trás da conta e dê um nó de cada lado, prendendo-a na posição correta.

6
Deixe um espaço de cerca de 2 cm e faça mais um nó, unindo os dois fios de cada lado.

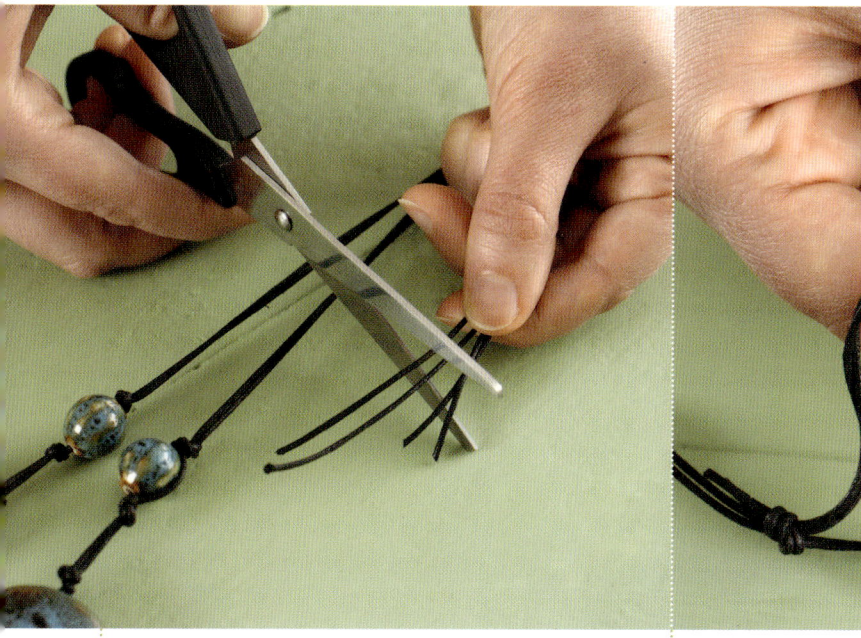

9
Prenda a última conta com um nó. Alinhe os dois lados do colar e apare os fios, deixando-os do mesmo tamanho.

10
Amarre a ponta dos fios de um lado perto da ponta dos fios do outro lado. Repita com a outra ponta para poder deslizar os nós e ajustar o comprimento do colar.

Colares coloridos

Depois de dominar a técnica das pp. 55-7, você poderá abusar da criatividade em cordões com contas de cores e tamanhos variados. Peças em diversos tons da mesma cor ficam lindas. Varie o tamanho das contas sem medo de exagerar.

}*Dica: experimente combinar peças opacas e translúcidas da mesma cor.*

Contas pintadas

As contas feitas à mão costumam ser um pouco mais caras, mas vale a pena investir em algumas peças sofisticadas para exibir o seu novo talento. Se utilizar peças com desenhos diferentes, escolha todas com o mesmo tamanho.

}*Dica: valorize seu colar escolhendo cordões da mesma cor das contas ou combinando cores contrastantes.*

Colar de botões

Os botões também ficam ótimos em colares de nós. Nesse colar, eles foram amarrados bem juntos uns dos outros para criar um efeito mais formal.

1. Dê um nó. Passe cada fio por um botão, um de cada lado, como se fosse costurá-los.

2. Puxe bem os fios e amarre as pontas juntas, prendendo os botões. Repita até completar o colar.

Dica: essa técnica também funciona com contas planas ou com formatos inusitados.

Faça estas bijuterias graciosas utilizando a técnica dos broches de pássaro (pp. 61-3). Os moldes para os outros desenhos estão na p. 237.

Broche de feltro

Bijuterias

Com retalhos de tecido, botões, fitas e miçangas, você cria esse divertido enfeite. Também pode transformá-lo em um chaveiro ou pingente para bolsa – é só acrescentar uma alça e uma argola para chaves.

Você vai precisar de:

Utensílios: lápis • tesoura para tecido • ferro de passar • pano úmido **Materiais:** entretela termocolante dupla face • tecido estampado • 3 quadrados de feltro em cores contrastantes • 1 meada de linha de algodão para bordar • entretela bem grossa • 35 miçangas • 1 miçanga preta • 15 cm de fita estreita • 1 botão pequeno • linha de algodão para costurar • alfinete de broche

1
Trace o molde de pássaro (p. 237) sobre o lado de papel da entretela dupla face. Corte-o e passe a ferro com o lado da cola voltado para o tecido estampado. Recorte o pássaro.

2
Retire o papel. Coloque o pássaro com o lado direito do tecido para cima sobre o primeiro quadrado de feltro. Cubra com um pano úmido e passe a ferro até colar.

3

Borde o contorno do pássaro com três fios de linha para bordar. Faça ponto reto para dar acabamento.

4

Recorte o feltro ao redor do pássaro, deixando uma borda com cerca de 3-5 mm.

7

Utilize o molde (p. 237) para fazer a asa na cor do primeiro feltro. Una a asa ao pássaro, bordando em pontos corridos pequenos.

8

Faça o olho com a miçanga preta. Corte a fita ao meio e faça duas laçadas pequenas para formar a cauda. Costure um botão com linha para bordar, unindo a cauda ao corpo do pássaro.

5

Coloque o pássaro sobre outro quadrado de feltro em cor contrastante, com a entretela por baixo. Costure as miçangas com linha de algodão, unindo as três camadas.

6

Recorte ao redor com cuidado, deixando uma borda com cerca de 3-5 mm. Corte o feltro e a entretela.

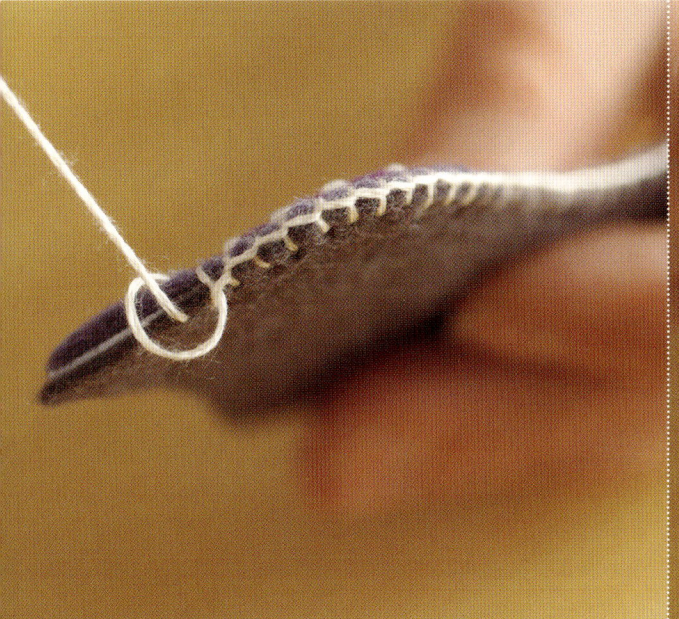

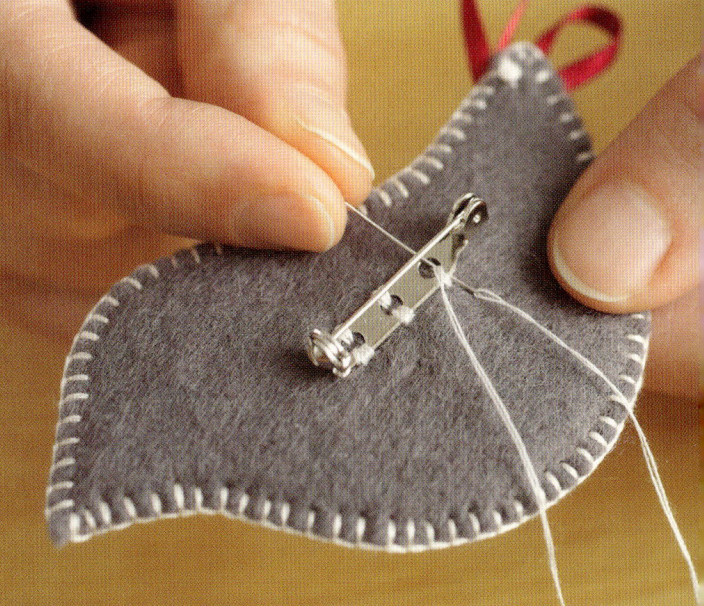

9

Use o broche como molde e recorte outro pássaro na última cor de feltro para fazer o acabamento da parte de trás. Costure o fundo em ponto caseado.

10

Costure o alfinete com linha dupla na parte de trás do broche. Os pontos devem passar somente pelo feltro do acabamento da parte de trás.

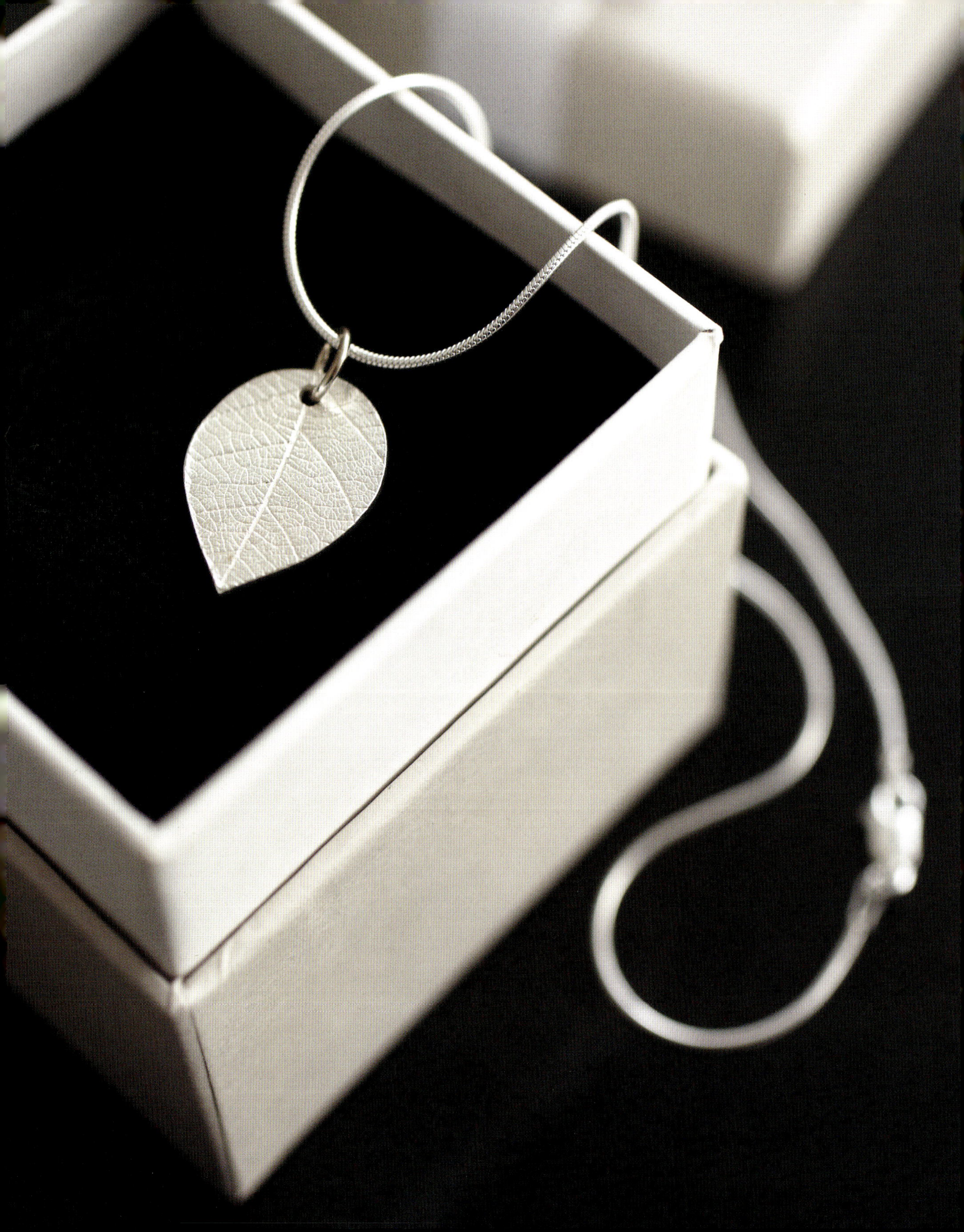

Pingente de folha

Bijuterias

A argila de prata permite criar lindas peças de bijuteria. Vendida em lojas de artesanato, contém 99% do metal. Quando aquecida com um maçarico culinário, resulta em uma peça em prata pura.

Você vai precisar de:

Utensílios: papel-manteiga • rolo de macarrão pequeno ou tubo de PVC • cartas de baralho • estilete • canudinho • lixa ou esponja abrasiva • maçarico culinário • azulejo de cerâmica e tijolo • timer • pinça • pincel macio de metal • 2 alicates • base para corte ou tábua **Materiais:** óleo (se possível, em spray) • 7 g de argila de prata • folhas naturais ou moldes de folhas • argola de prata

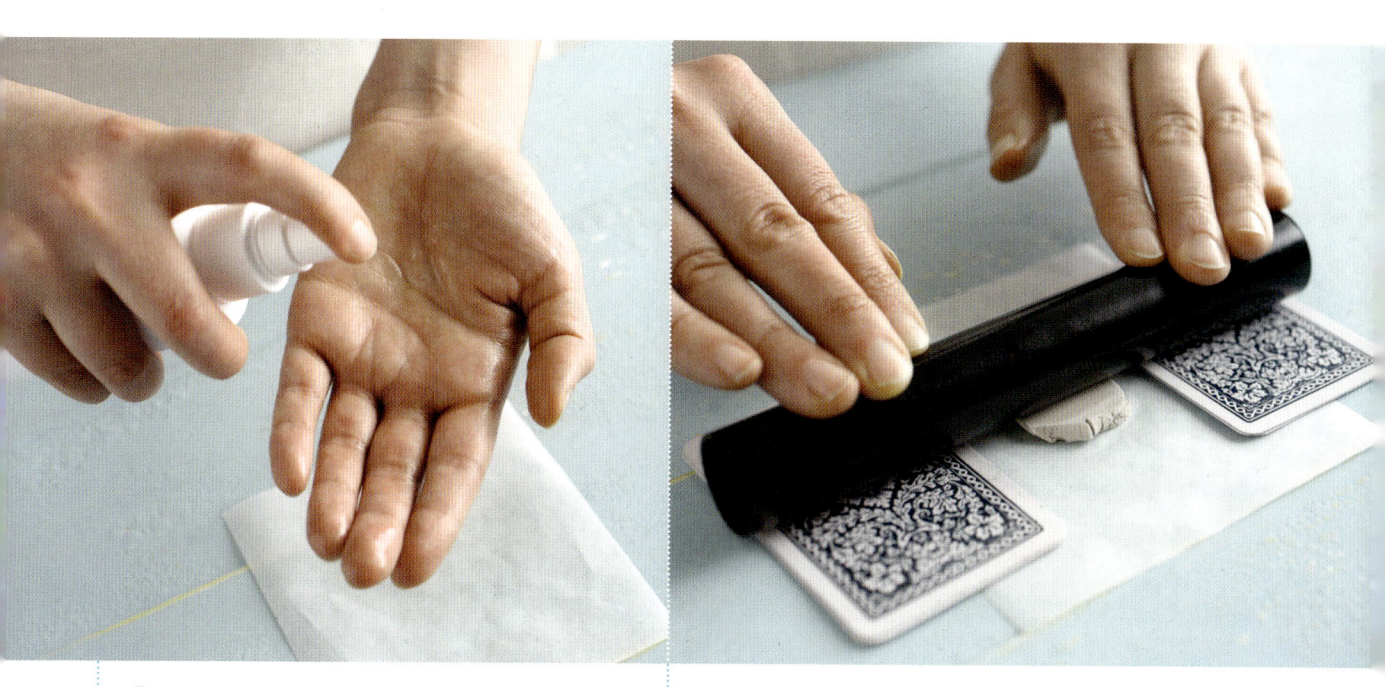

1
Corte um pedaço de papel-manteiga. Prepare a superfície de trabalho: espalhe um pouco de óleo sobre o papel, nas mãos e no rolo de macarrão ou tubo de PVC.

2
Coloque 2 pilhas com 4 cartas de baralho a 5 cm uma da outra para apoiar o rolo ou tubo. Amacie a argila com as mãos e achate-a com o rolo.

3

Levante a argila e coloque-a entre duas folhas, como na foto. Alinhe os caules e as pontas das folhas. Passe o rolo novamente para marcar os dois lados.

4

Retire as folhas com cuidado e coloque a argila sobre uma base para corte ou uma tábua. Recorte-a em formato de folha com o estilete, utilizando o molde (p. 237).

7

Coloque a folha sobre um azulejo ou tijolo em uma sala pouco ilumininada e bem ventilada. Segure o maçarico a 5 cm da argila e passe a chama sobre a peça, que ficará alaranjada e brilhante.

8

Quando a folha começar a brilhar, programe o timer para 2 minutos. Se a argila ficar vermelha ou prateado brilhante, está quente demais — afaste a chama. Após a queima, pegue a peça com a pinça e mergulhe-a em água fria.

5

Perfure a folha a cerca de 5 mm da borda com o canudinho. O furo irá acomodar a argola. Lembre-se de que a argila pode sofrer um encolhimento de até 10% quando aquecida.

6

Deixe a argila secar de um dia para o outro ou acelere o processo: utilize um secador de cabelo ou leve a peça ao forno a 150°C por 10 minutos. Depois de seca, lixe-a com cuidado para alisar as bordas.

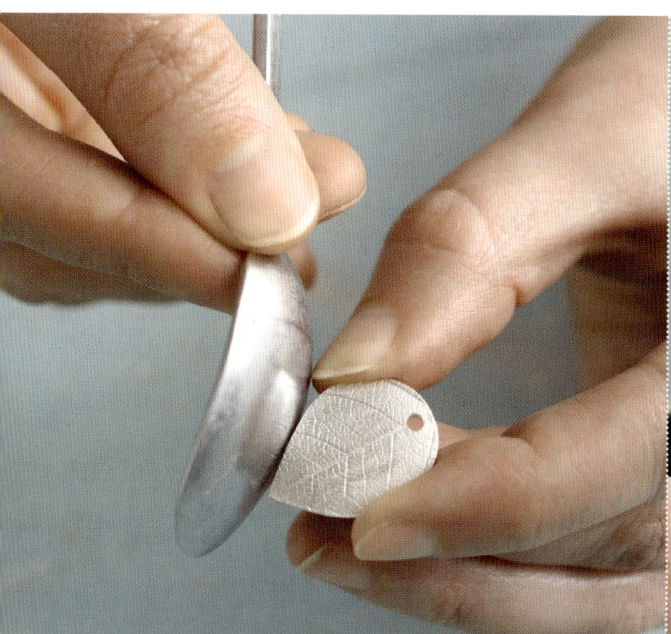

9

A folha ficará esbranquiçada, embora seja de prata pura. Escove-a delicadamente com um pincel macio de metal para revelar a cor prateada. Para dar brilho, esfregue a parte de trás de uma colher de metal.

10

Afaste um pouco as duas pontas da argola com dois alicates. Passe a argola pelo furo da folha e volte a fechá-la.

Abotoadura

Em lojas especializadas em artesanato você encontrará uma boa variedade de papéis texturizados. Essas abotoaduras foram criadas em papel com textura de pele de cobra e com a mesma técnica usada para fazer o Pingente de folha (pp. 65-7). Utilize cerca de 20 g de argila de prata. Corte dois discos de aproximadamente 2 cm de diâmetro e outros dois de 1,5 cm. Perfure cada disco duas vezes com um palito (posicione os furos como os de um botão). Espere secar e queime a argila como no pingente de folha. Dê polimento às peças e, com uma agulha e fio de prata, prenda os botões em uma corrente para abotoadura: o ideal é que a corrente tenha entre 1,5 a 2 cm de comprimento com elos de cerca de 5 mm. Arremate o fio e fixe o nó com uma gota de cola instantânea.

Brincos texturizados

Papéis de parede são ótimos para dar textura à argila de prata – a variedade é enorme. Faça esses brincos utilizando a mesma técnica do Pingente de folha (pp. 65-7), com 15 g de argila de prata. Texturize a argila com o papel de parede. Recorte a argila em formas ovais com cerca de 3 cm de comprimento, conforme o molde da p. 237. Perfure a parte superior com o canudinho. Deixe secar e queime com o maçarico. Dê o polimento e fixe em bases de brinco do tipo anzol.

Pulseira de folhas

Para fazer essa charmosa bijuteria são necessários cerca de 25 g de argila de prata. Abra a argila e texturize-a como na técnica do Pingente de folha (pp. 65-7). Recorte sete elipses pontudas com aproximadamente 2,5 cm de comprimento. Perfure cada uma delas nas duas pontas com o canudo. Antes de a argila secar, coloque as folhas sobre o rolo para moldá-las em formato levemente curvado. Espere secar e queime seguindo o mesmo processo. Una as peças com argolas e acrescente um fecho simples.

Chaveiro de coração

Os tecidos, principalmente a renda, produzem peças com texturas bastante delicadas. Para fazer esse chaveiro, proceda como na confecção do Pingente de folha (pp. 65-7), utilizando cerca de 10 g de argila de prata. Texturize com renda e recorte a argila em forma de coração com 3,5 cm de comprimento. Use o molde da p. 237. Perfure a parte superior do coração com o canudinho. Espere secar, queime e dê polimento. Pendure uma corrente com argola para as chaves.

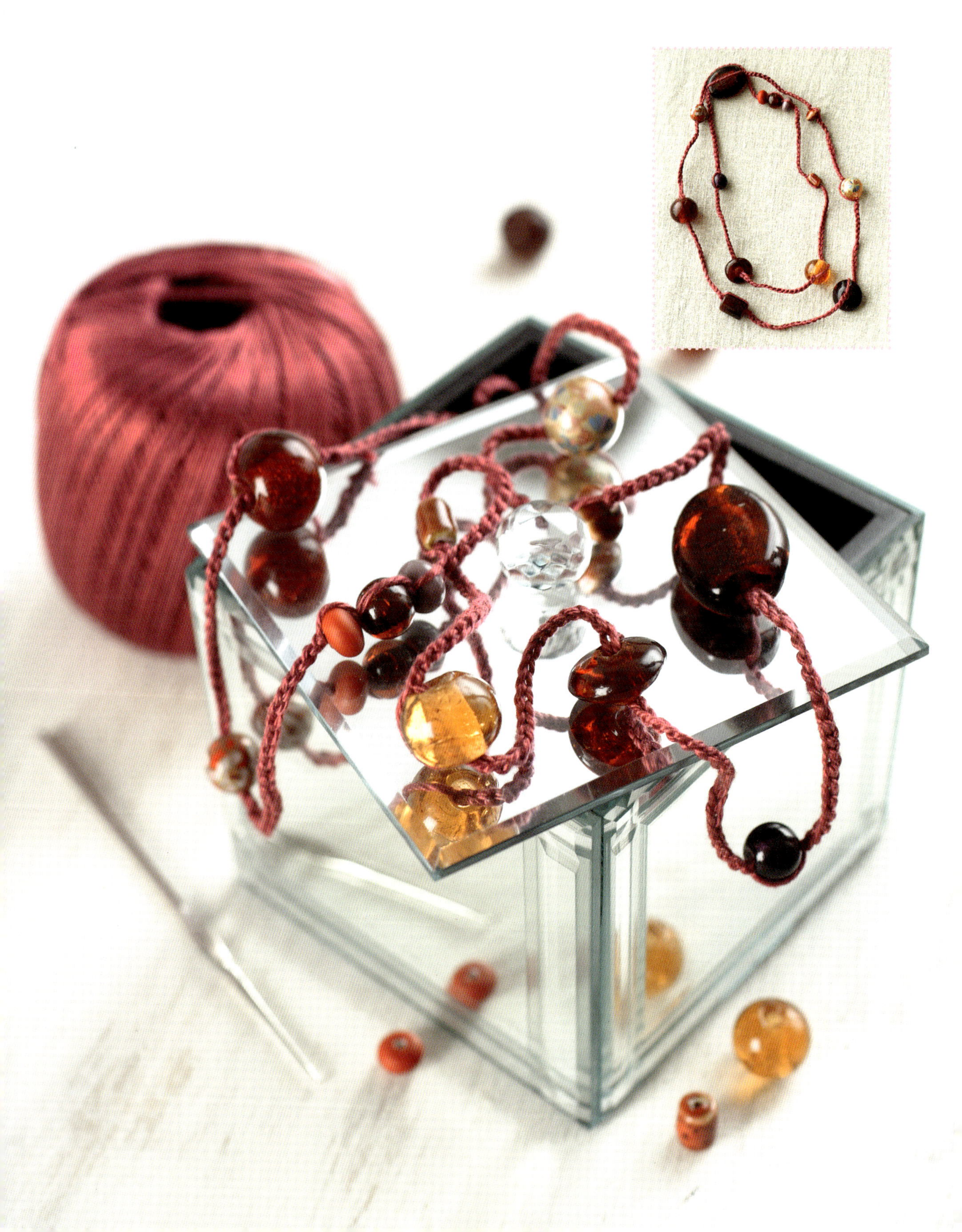

Colar de crochê

Bijuterias

Essa linda peça é um ótimo projeto para iniciantes, pois utiliza um único ponto. Antes de começar, leia as instruções que estão na p. 244.

Você vai precisar de:

Utensílios: agulha de crochê tamanho 2 mm • agulha de crochê tamanho 1 mm (se necessário) • agulha para cerzir

Materiais: linha de algodão • cerca de 15 contas em tamanhos e formatos diversos (com furos largos o suficiente para permitir a passagem da agulha de crochê)

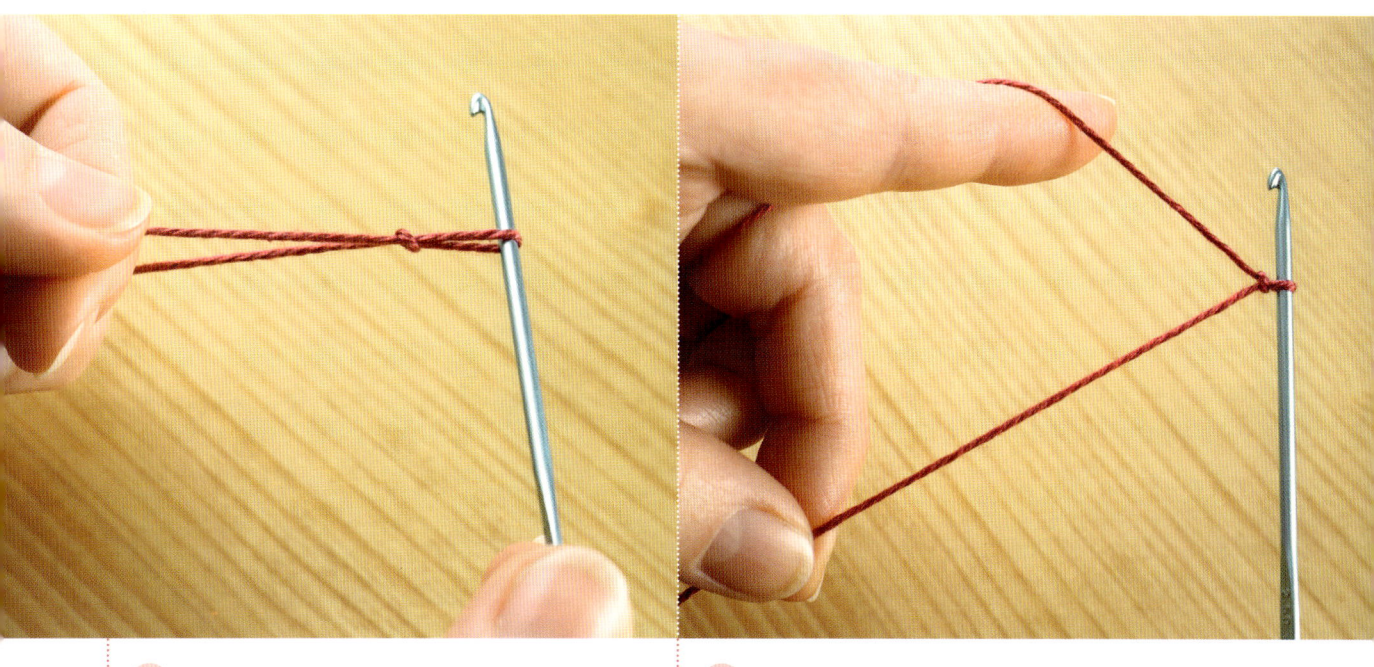

1
Faça um nó corrediço: cruze a linha da meada para formar uma laçada. Coloque a agulha de 2 mm na laçada e passe a meada por dentro dela.

2
Puxe as duas pontas da linha e aperte o nó corrediço na agulha. Não aperte demais – o nó deve ficar firme, mas ainda deslizar na agulha.

3

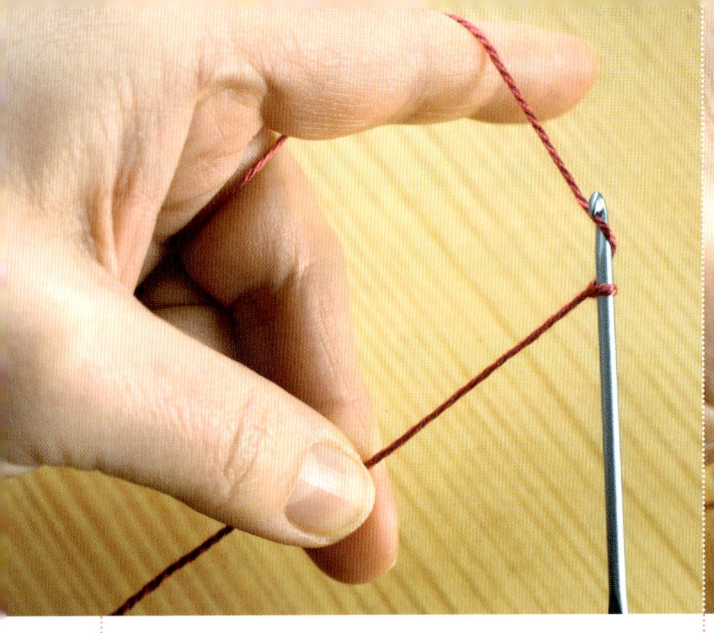

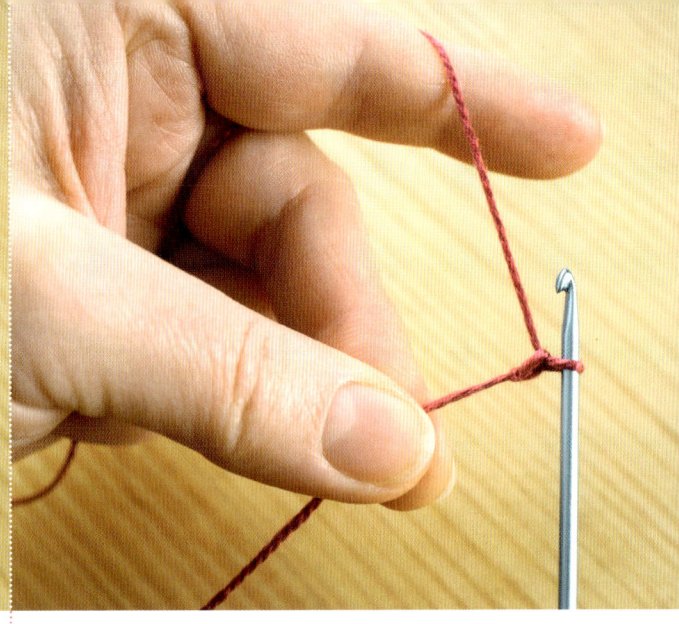

Comece a primeira carreira: passe a linha da meada ao redor da agulha. Esse movimento é chamado de linha por cima (lc). Enganche a linha na ponta da agulha (gancho) conforme a foto.

4

Puxe a linha pela laçada na agulha e aperte com o gancho. Esse é o primeiro ponto da correntinha (p. 244).

7

Caso você tenha usado uma agulha mais fina na etapa 6, volte a utilizar a de 2 mm. Lc. Pegue a linha da meada com o gancho da agulha (veja a etapa 3).

8

Puxe a linha pela laçada para prender a conta. Continue fazendo a correntinha e acrescentando contas até o colar atingir o comprimento desejado.

5
Faça mais um lc e puxe uma laçada pela laçada na agulha para fazer o próximo ponto. Continue até formar dez pontos.

6
Coloque uma conta na agulha e pegue a laçada com o gancho (veja a foto menor). Passe a conta para a laçada e puxe a linha pelo furo. Se necessário, utilize a agulha de 1 mm nessa etapa.

9
Faça um ponto corrediço (p. 245) no primeiro ponto da correntinha para unir as pontas do colar. Corte a linha e deixe uma sobra. Passe-a por dentro da última laçada e puxe para arrematar.

10
Esconda as duas pontas da linha empurrando-as para dentro do último ponto da correntinha com o auxílio de uma agulha para cerzir.

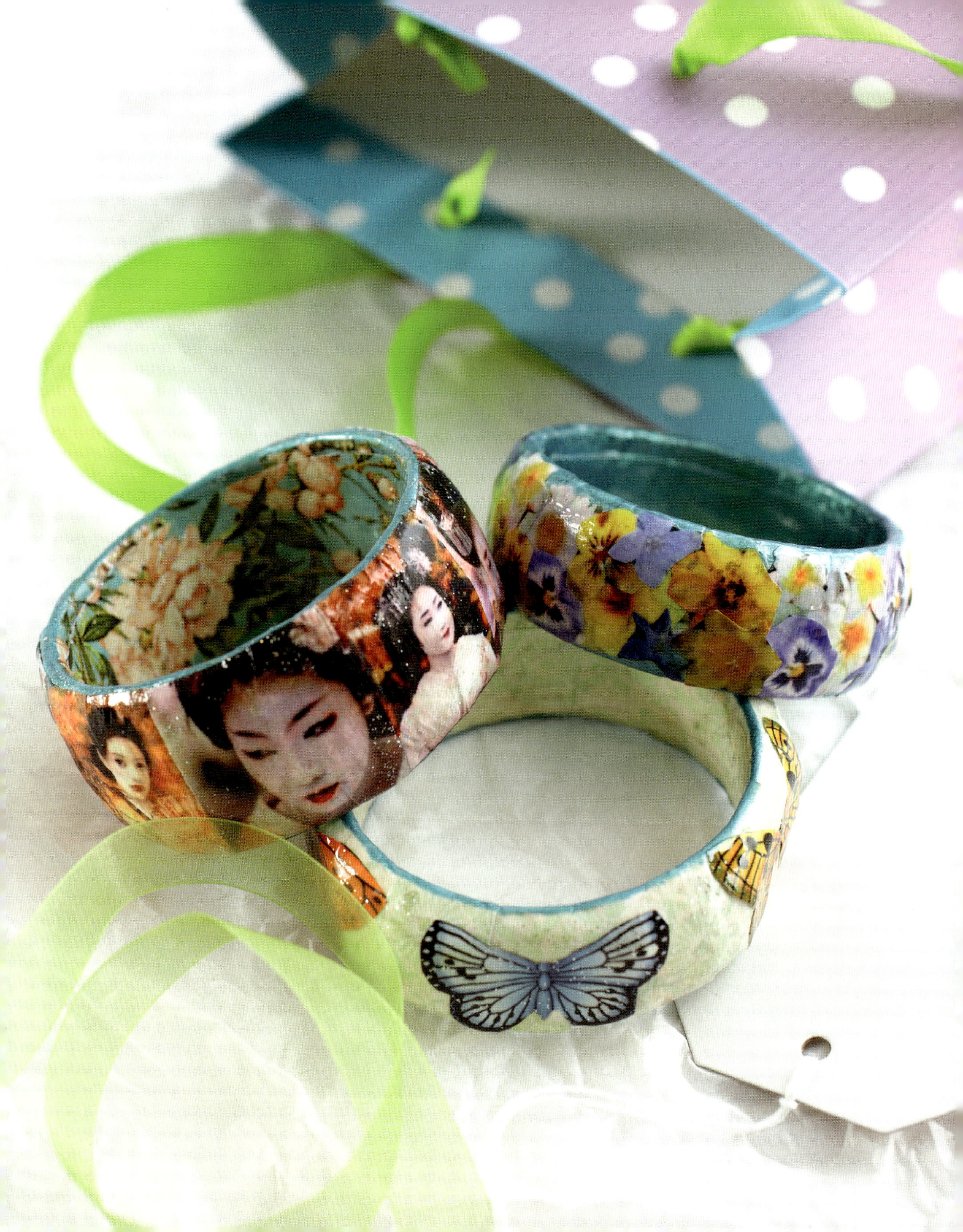

Pulseira-colagem

Bijuterias

Você pode fazer essa pulseira com figuras ou fotos impressas em qualquer tipo de papel. Recorte, cole e envernize os pedacinhos para criar um presente totalmente customizado.

Você vai precisar de:

Utensílios: régua • tesoura • pincéis

Materiais: pulseira (de madeira ou de plástico) • papel colorido, liso ou estampado para o fundo • cola • figuras decorativas em papel • massa adesiva • tinta acrílica • glitter (opcional) • verniz incolor

1
Meça a lateral da pulseira e corte tiras de papel com 1,5 cm de largura e comprimento suficiente para dar a volta, cobrindo a parte interna e a externa da peça.

2
Espalhe cola na parte de trás de uma tira de papel, sem molhar muito. Cole a tira ao redor da borda da pulseira, sobrepondo as pontas na parte interna. Elimine bolhas de ar.

3

Continue colando as tiras, sempre com uma pequena sobreposição em relação à anterior. Cubra a pulseira toda.

4

Verifique se as tiras ficaram bem coladas. Alise as saliências e rugas. Passe mais cola, se necessário.

7

Cole as figuras na pulseira. Manuseie com cuidado, pois elas tendem a rasgar facilmente quando molhadas com cola.

5

Corte mais uma tira do papel de fundo para o lado de dentro da pulseira. Essa faixa irá forrar todo o interior da peça para dar acabamento. Cole e deixe secar.

6

Recorte as figuras com cuidado. Prenda-as à pulseira com massa adesiva e experimente mudá-las de lugar até decidir qual será o arranjo final.

8

Pinte uma borda estreita na parte superior da pulseira e espere secar. Vire a peça e pinte o outro lado. Acrescente glitter, se preferir, e deixe secar.

9

Envernize a pulseira e espere secar por 2 a 3 dias. Mude a posição da peça algumas vezes. Quando o verniz endurecer, aplique mais uma demão. Deixe secar novamente.

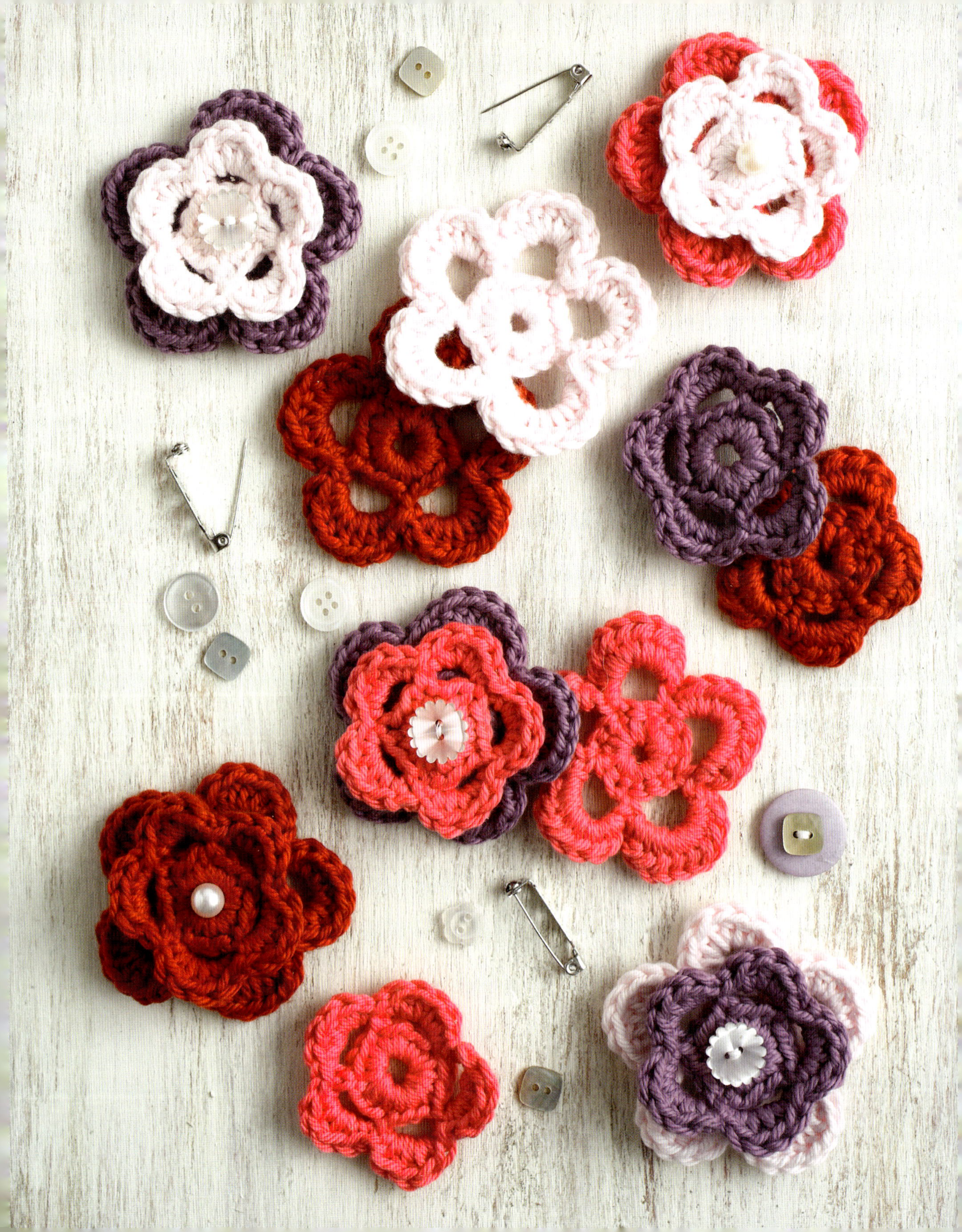

Broche de crochê

Bijuterias

Essas alegres flores em crochê enfeitam roupas ou bolsas. Elas são um pouco mais difíceis de fazer que o Colar de crochê (pp. 70-3), mas depois de dominar a técnica, você verá como é rápido fazer esses charmosos acessórios. Use cores variadas para as pétalas e faça miolos com botão – as combinações são infinitas! Você utilizará quatro pontos diferentes para fazer as flores: ponto correntinha (corr.), ponto corrediço (pc), ponto baixo (pb) e meio-ponto alto (mpa). Veja o passo a passo dos pontos de crochê nas pp. 244-5.

Você vai precisar de:

Utensílios: agulha de crochê tamanho 4 mm • agulha para costurar
Materiais: linha de algodão • botão • linha de algodão para costurar • alfinete para broche

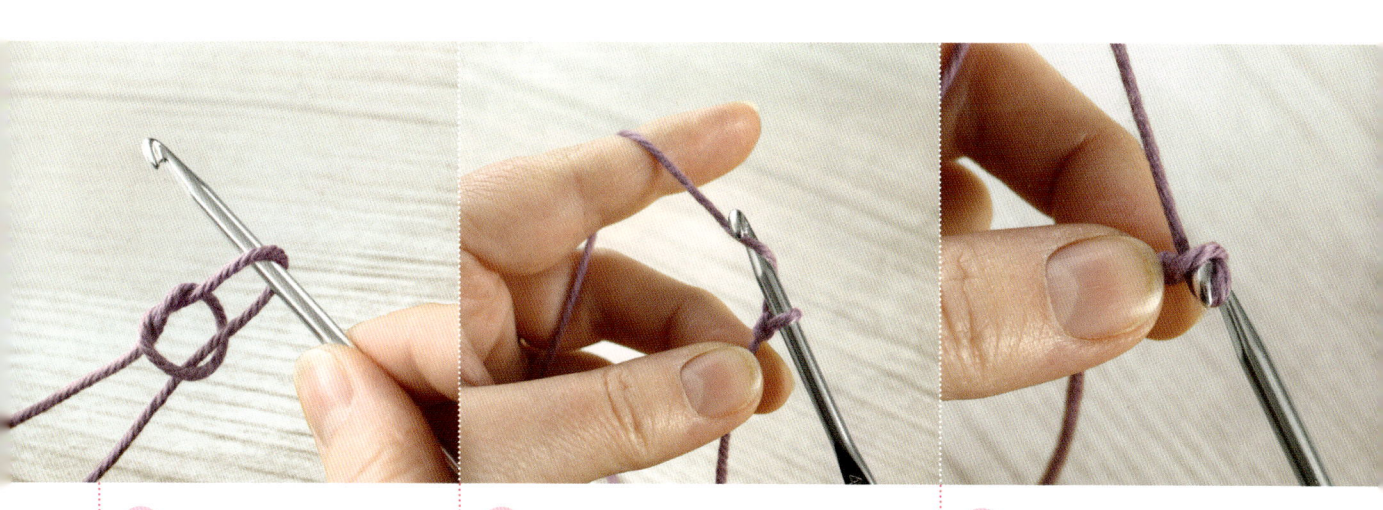

1 Faça um nó corrediço e aperte-o – veja as etapas 1-2 (p. 71).

2 Passe a linha por cima da agulha (lc) para fazer o ponto correntinha (corr.) (p. 244).

3 Puxe a linha pela laçada para fazer o primeiro ponto.

4
Faça mais 5 corr.

5
Faça um ponto corrediço (pc) (p. 245) sobre o primeiro ponto correntinha.

6
Aperte o ponto corrediço para formar um círculo. Faça 1 corr.

10
Faça 6 corr.

11
Pule 2 pb e faça 1 pc no ponto seguinte para formar a primeira pétala.

14
Faça 7 mpa (p. 245) sobre a primeira pétala.

15
Finalize com 1 pb na primeira pétala. Una-o à próxima correntinha com 1 pc.

16
Repita de 13 a 15 para as outras pétalas. Arremate na última laçada.

7
Faça 1 pb (p. 244) no centro do círculo.

8
Continue: faça mais 14 pb no centro do círculo.

9
Faça um pc no primeiro pb para fechar o círculo.

12
Repita as etapas 10-11 para formar mais quatro pétalas. Finalize prendendo a última pétala no primeiro corr. com um pc.

13
Faça 1 pb no centro da primeira pétala.

17
Una duas flores costurando um botão no centro.

18
Costure um alfinete com linha de algodão na parte de trás do broche.

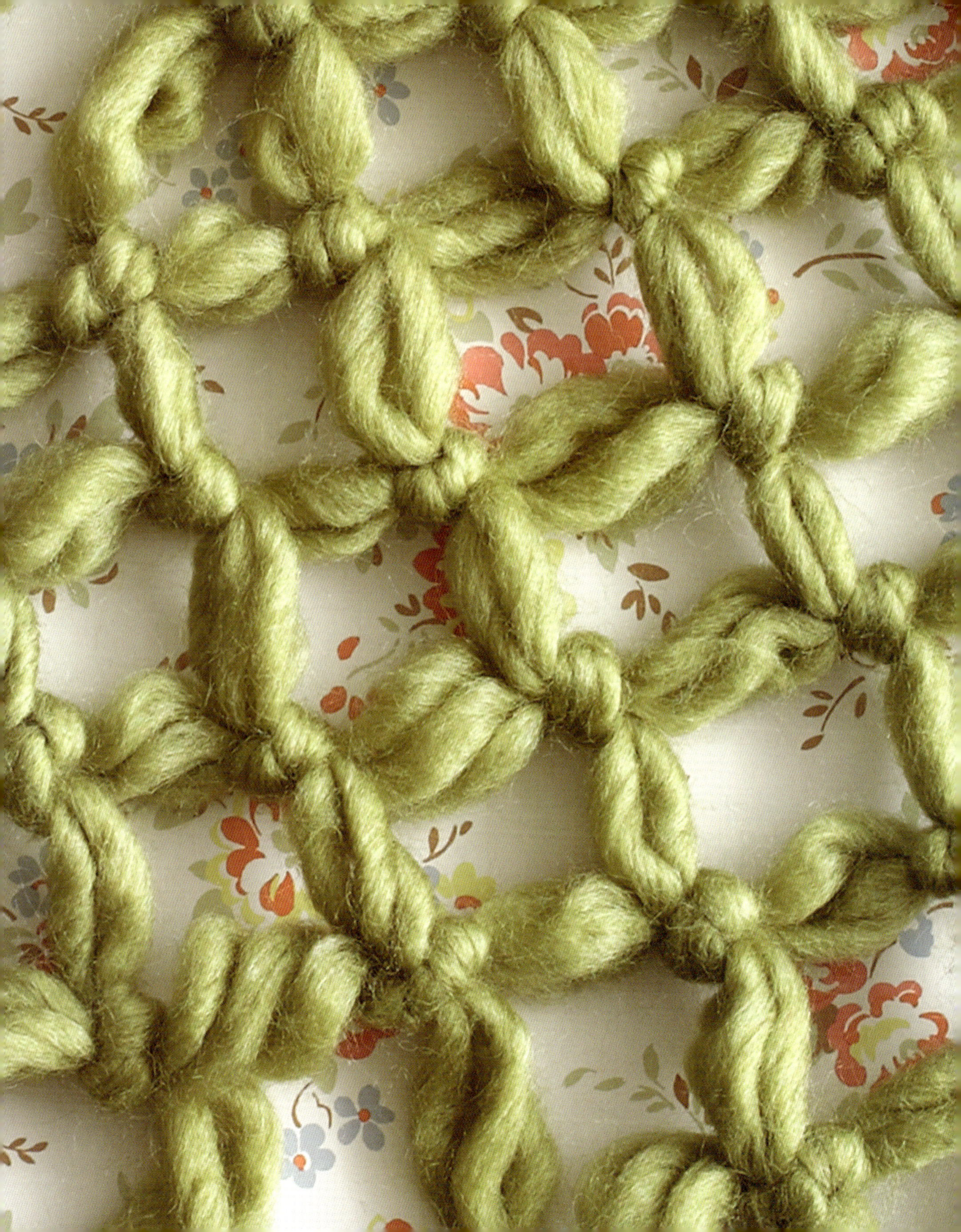

Bolsas e acessórios

Veja quantas sacolas diferentes você pode criar utilizando esta técnica (pp. 85-7). Encontre mais ideias inspiradoras, acompanhadas de instruções, nas pp. 88-9.

Sacola estampada

Bolsas e acessórios

Estênceis de papel e tinta para tecido podem transformar um acessório básico de lona em algo exclusivo e com muita personalidade. Após dominar esta técnica de estamparia, que tal criar também camisetas e capas para almofadas?

Você vai precisar de:

Utensílios: lápis • estilete • base para corte • ferro de passar • fita-crepe • prato ou paleta • esponja • secador de cabelo • papel-toalha **Materiais:** papel vegetal • papel para estêncil ou cartolina • sacola em tecido • papel ou jornal para forrar • tinta para tecido em 2 cores

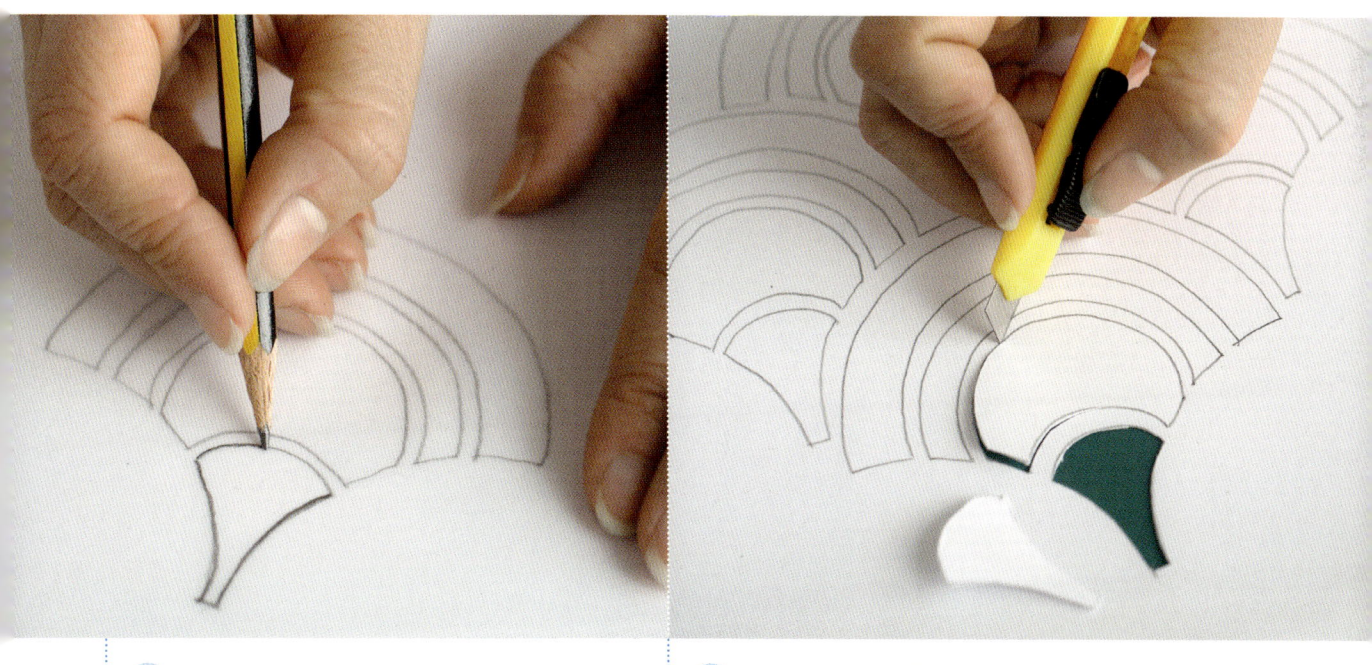

1
Trace o molde para estêncil (p. 243) em papel vegetal. Transfira o contorno para a cartolina: passe o lápis com firmeza sobre as linhas.

2
Recorte o molde com o estilete. Se a estampa escolhida utilizar um padrão repetido, você pode recortar a mesma figura várias vezes em uma só folha. Deixe uma borda ao redor do seu molde vazado.

3

Passe a sacola de tecido a ferro e preencha-a por dentro com papel ou jornal, para impedir que o excesso de tinta manche o outro lado.

4

Prenda o estêncil com fita-crepe. Coloque um pouco de tinta em um prato ou paleta. Molhe uma esponja seca na tinta e retire o excesso. Aplique-a sobre o tecido, trabalhando do centro para as pontas do desenho.

6

Limpe o excesso de tinta do estêncil com papel-toalha e espere secar. Se preferir, você pode preparar mais estênceis para continuar trabalhando no desenho enquanto o primeiro estêncil seca.

7

Volte a posicionar o estêncil sobre a sacola quando a tinta e o estêncil secarem. Repita a aplicação de tinta quantas vezes desejar, mas deixe espaços vazios para a cor seguinte.

5

Retire o estêncil e deixe-o de lado. Seque a sacola com o auxílio de um secador de cabelo. Lembre-se de dirigir o jato de ar também para dentro da sacola, para evitar que a tinta grude no forro de papel.

8

Aplique a segunda cor da mesma maneira, utilizando um novo estêncil. Deixe secar de um dia para o outro.

9

Passe a sacola a ferro por um ou dois minutos para uma boa fixação da tinta no tecido. Você pode utilizar um pano para proteger o ferro.

Sacola com borboletas

Utilize a técnica da pp. 85-7 e os moldes da p. 243. As borboletas, de diferentes formatos e tamanhos, ficam alinhadas na diagonal, inclinadas em ângulos suaves. O efeito final é lindo: parece que elas estão voando na mesma direção. Para dar profundidade à cena, recorte o mesmo desenho em tamanhos diferentes e sobreponha um pouco algumas das imagens.

As borboletas da foto são da mesma cor, mas você também pode criar um visual diferente pintando-as de cores variadas. Outra sugestão é esperar a tinta secar e depois acrescentar pinturas ou novos desenhos em estêncil sobre cada borboleta.

Sacola com estampa de costura

O desenho em escala ampliada mostra pontos de costura que parecem ter sido feitos sobre a sacola, além da agulha que parece atravessar o tecido. Para criar esse efeito, o estêncil tem intervalos nos locais onde o tecido cobriria a linha e a agulha. Siga as instruções das pp. 85-7 e utilize os moldes da p. 242. Lembre-se de recortar um estêncil para cada cor que for aplicar.

Divirta-se criando outros elementos para preencher a lona em branco na sacola – que objetos poderiam interagir com ela? Talvez um cinto passando por trás de passantes ou um laço de fita "amarrado" na sacola.

Formas geométricas

A ideia parece simples, mas o efeito de ilusão de ótica criado é incrível. Com o molde da p. 242, faça um estêncil, recortando diversas vezes a forma geométrica a intervalos regulares. Siga as instruções da Sacola estampada (pp. 85-7): comece pelo centro, pinte o motivo e espere secar. Recoloque o estêncil e continue pintando a estampa conforme a foto ao lado. Alterne a posição da figura a cada coluna: ora apontando para cima, ora para baixo. Lembre-se de manter sempre a mesma distância entre os desenhos.

Outras formas geométricas repetidas a intervalos regulares também são boas opções de estampa – experimente utilizar círculos ou triângulos e descubra como o efeito ficará interessante. Também varie as cores, seguindo um padrão ou aleatoriamente.

Sacola com lápis de cor

À primeira vista, os lápis parecem completos, mas se olhar bem irá perceber que parte de cada um deles está faltando. Nosso olhar se concentra nos elementos pintados e nossa mente "preenche" o restante do objeto. Esse truque é ótimo para utilizar na pintura em estêncil, já que pode ser difícil produzir linhas muito estreitas ou outros detalhes para completar alguns desenhos. Para fazer os lápis, use os moldes para estêncil da p. 242 e siga as instruções da Sacola estampada (pp. 85-7).

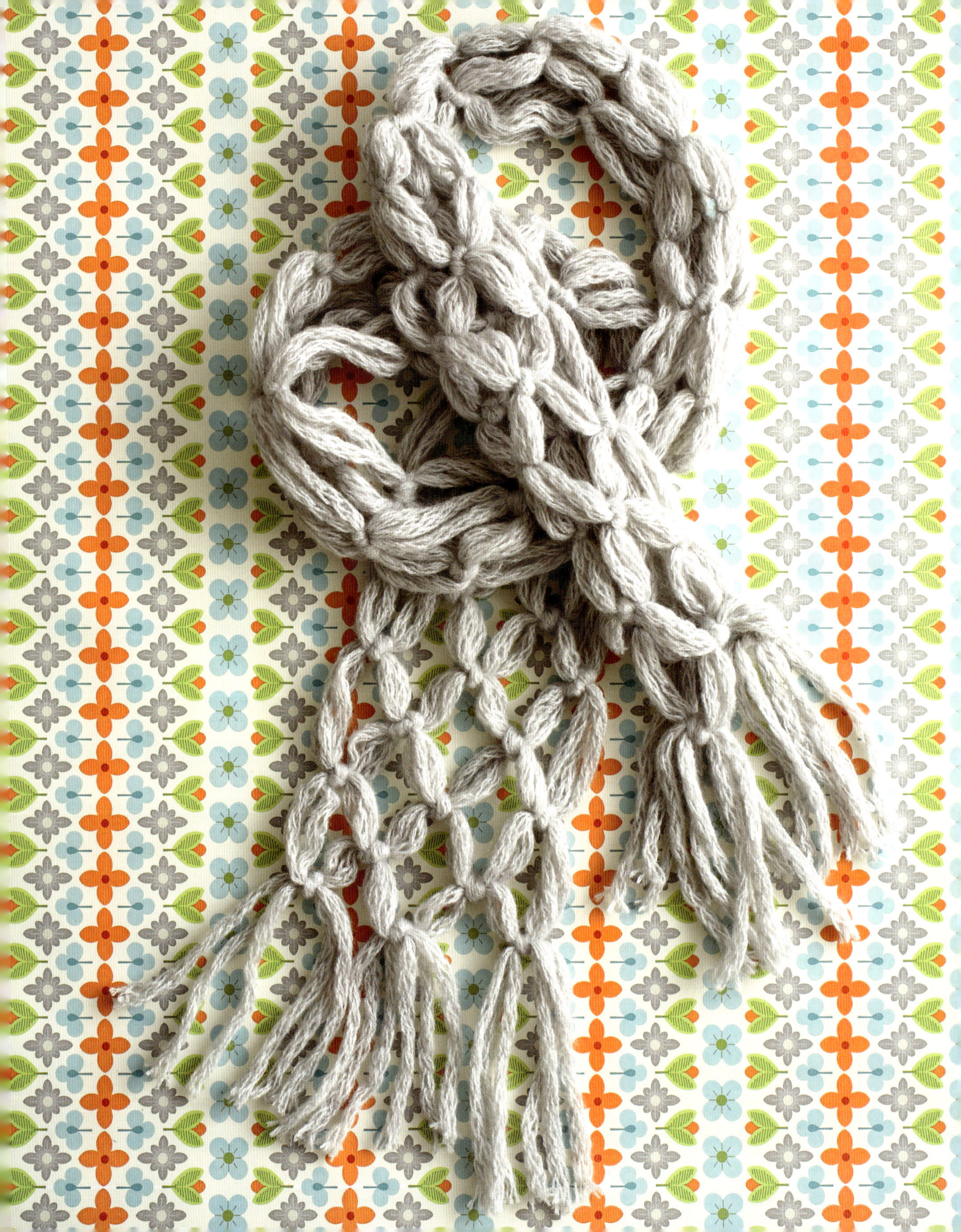

Cachecol trançado

Bolsas e acessórios

Os novelos de lã fofinha encontrados nas lojas de armarinhos são uma verdadeira tentação. Essa peça pode ser feita até por quem não sabe tricotar: escolha sua cor preferida e faça uma echarpe bem macia amarrando os fios de lã.

Você vai precisar de:

Utensílios: tesoura • painel de isopor com 1 cm de espessura (ou mural de cortiça) • alfinetes
Material: 2 novelos de 50 g de lã

1
Meça e corte a lã em dezoito pedaços com cerca de 3,8 m cada.

2
Separe a lã em seis grupos com três fios cada um. Enrole-os e faça um nó frouxo. Deixe 50 cm dos fios fora do nó. Assim, ficará mais fácil trabalhar a lã.

3

Faça um nó duplo unindo dois feixes de lã a cerca de 12 cm das pontas. Repita com o restante da lã até obter três feixes duplos (com seis fios cada um) amarrados.

4

Posicione os feixes duplos a distâncias iguais sobre um painel de isopor ou cortiça. Espete um alfinete no centro de cada nó para prender a lã ao painel.

7

Repita a etapa 5 e complete a fileira seguinte de nós. Prenda os novos nós com alfinetes para ajudar a manter o espaçamento regular entre as fileiras.

8

Continue como na etapa 6. Faça os nós até chegar ao final do painel. Retire os alfinetes e deslize o cachecol para cima. Recoloque os alfinetes na última fileira e continue o trabalho.

5

Trabalhe com grupos de três fios: amarre o segundo e o terceiro a partir da esquerda 5 cm abaixo do primeiro nó. Faça o mesmo com o quarto e o quinto. Prenda com um alfinete.

6

Amarre os dois grupos de fios do meio, novamente cerca de 5 cm abaixo do nó anterior. Repita com os grupos laterais. Mantenha os fios firmes nas extremidades e os nós alinhados.

9

Faça os três nós finais quando restarem cerca de 12 cm nas pontas dos fios. Os nós da parte central chegarão ao final dos fios antes dos nós das extremidades.

10

Apare os fios para deixá-los todos do mesmo tamanho. O cachecol está pronto!

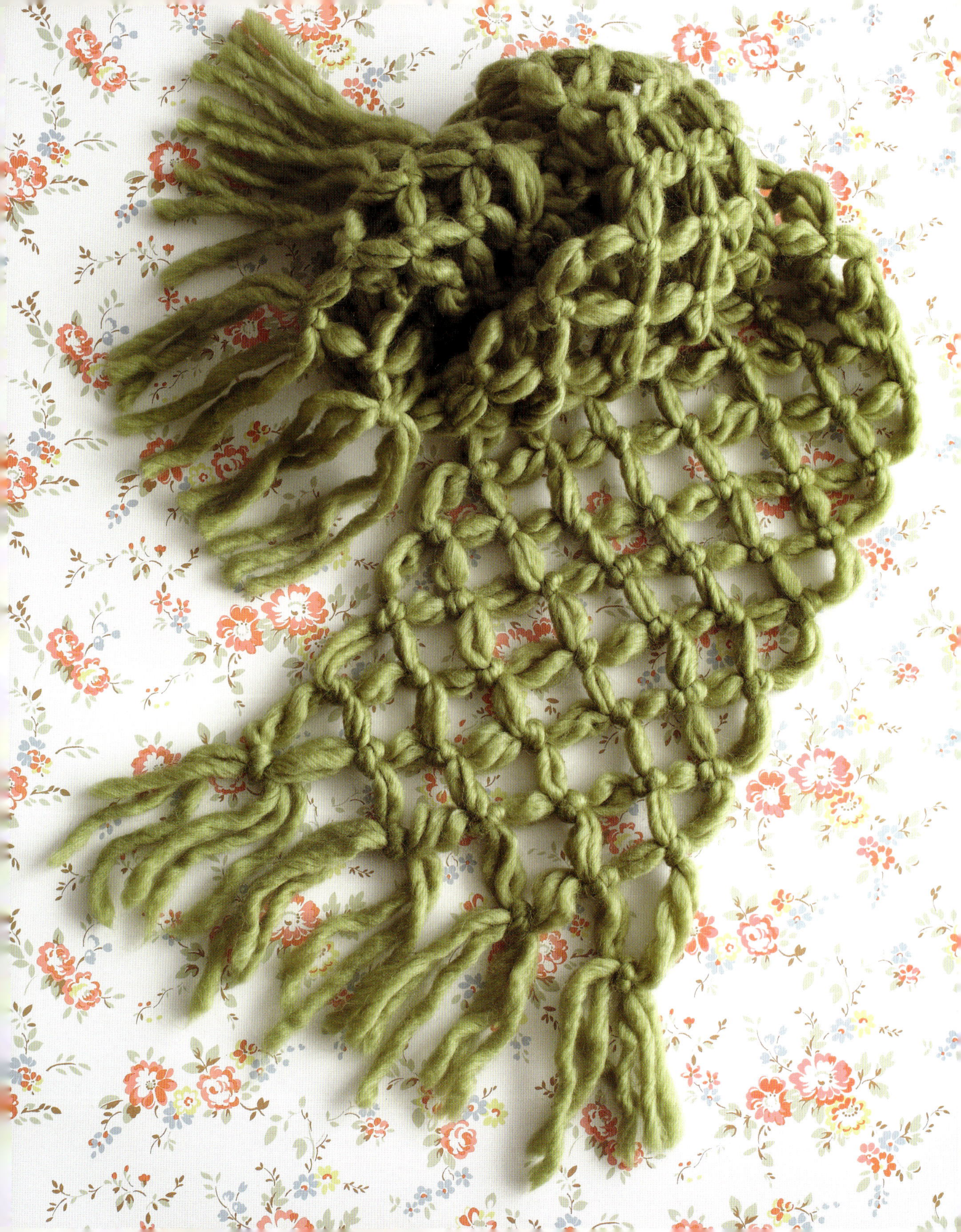

◀ ## Trama mais fechada

Após dominar a técnica explicada nas pp. 91-3, você pode deixar espaços menores entre os nós e utilizar mais feixes de fios para criar um cachecol mais grosso, com trama mais fechada. O item ao lado foi feito com oito feixes de lã, cada um com três fios.

} *Dica: se quiser fazer uma peça de duas cores, mantenha o mesmo tipo e espessura de lã. Assim, a textura ficará uniforme.*

Cachecol bicolor

Esse presente fica lindo em duas cores. Prenda a lã no painel na ordem que você desejar. A peça da foto ao lado foi feita com oito feixes de lã, cada um com dois fios.

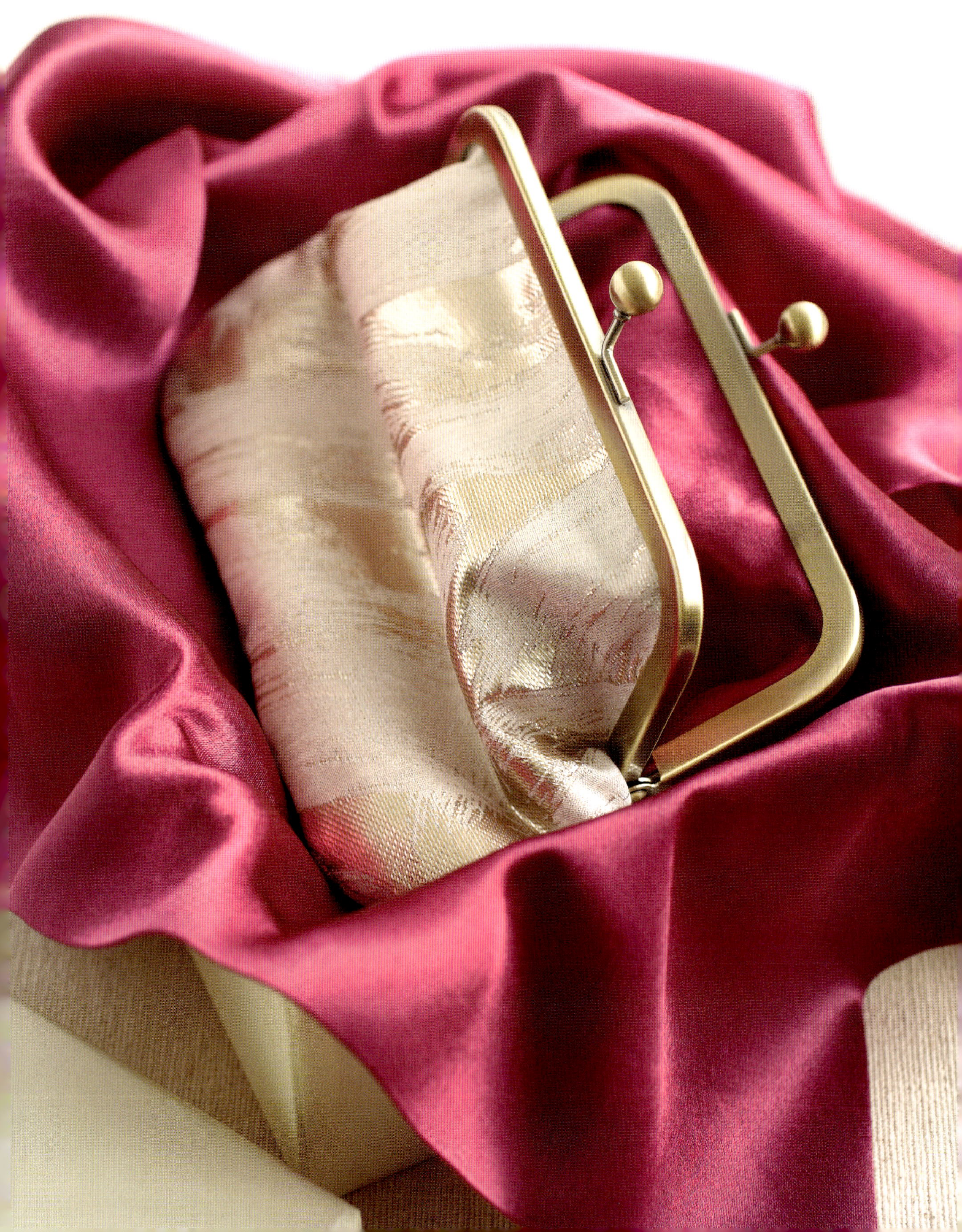

Bolsa de festa

Bolsas e acessórios

Transforme qualquer retalho de tecido em uma bolsinha ou nécessaire como as de antigamente. O fecho de pressão é vendido em lojas de material para artesanato e pela internet. Escolha o modelo de acordo com o estilo que quiser dar ao acessório.

Você vai precisar de:

Utensílios: régua • lápis • tesoura para tecido • alfinetes • máquina de costura ou agulha para costurar • ferro de passar *Materiais:* papel para molde • fecho de pressão • tecido para a parte externa • tecido para o forro • feltro • entretela • cola

Fundo da bolsa

Borda para costura

1 Dobre o papel ao meio. Trace uma linha com a metade do comprimento do fecho e outra na medida da profundidade. Quanto maior o ângulo entre as duas linhas, mais volumosa ficará a bolsa.

2 Faça um traço paralelo ao primeiro, onde ficará o fundo da bolsa. Una os traços no formato desejado e acrescente uma borda de 1 cm para a costura.

3

Recorte o molde no papel dobrado. Utilize-o aberto para cortar duas peças iguais de cada tecido: o da parte externa da peça, o forro, o feltro e a entretela.

4

Monte dois conjuntos: no primeiro, coloque as partes de tecido externo, lado direito com lado direito, entre duas de feltro. No outro, as do forro, lado direito com lado direito, entre as peças de entretela.

7

Costure as bordas da parte superior da bolsa até a metade de um dos lados mais longos, deixando uma abertura para desvirar a peça. Apare as costuras.

8

Vire a bolsa com o lado direito para fora e passe a ferro. Dobre as bordas da abertura para dentro e prenda com alfinetes. Feche a abertura, costurando-a com ponto invisível. Deve ficar mais fácil introduzir a peça no fecho.

5

Prenda os dois conjuntos com alfinetes. Costure ao redor da borda de cada um deles. Apare as costuras.

6

Vire o forro com o lado direito para fora e encaixe-o dentro do outro conjunto, empurrando bem até o fundo. As costuras devem ficar juntas.

9

Espalhe cola no fecho e na abertura superior e lateral da bolsa. Espere a cola secar um pouco antes de montar a peça.

10

Encaixe-a no fecho, um lado de cada vez. Empurre bem o tecido para dentro do vão. Utilize um instrumento pequeno e chato para ajudar, se necessário. Deixe aberto por algumas horas, até secar.

Porta-níquel

A mesma técnica utilizada para fazer a Bolsa de festa (pp. 97-9) pode ser utilizada para fazer um mimo como esse. Os lados dessa peça devem ter mais ou menos o mesmo tamanho.

Dica: faça o forro em cor contrastante com a parte externa. A bolsinha ficará charmosa e divertida.

Mininécessaire

Utilize um fecho grande e crie um acessório para guardar maquiagem ou bijuteria. O procedimento é o mesmo que foi usado na confecção da Bolsa de festa (pp. 97-9). Faça o molde para uma bolsa mais espaçosa: aumente o ângulo do segundo traço (etapa 1) e marque uma curva mais acentuada no fundo (etapa 2).

}*Dica: o presente ganhará um atraente ar retrô se você escolher tecidos de roupas antigas.*

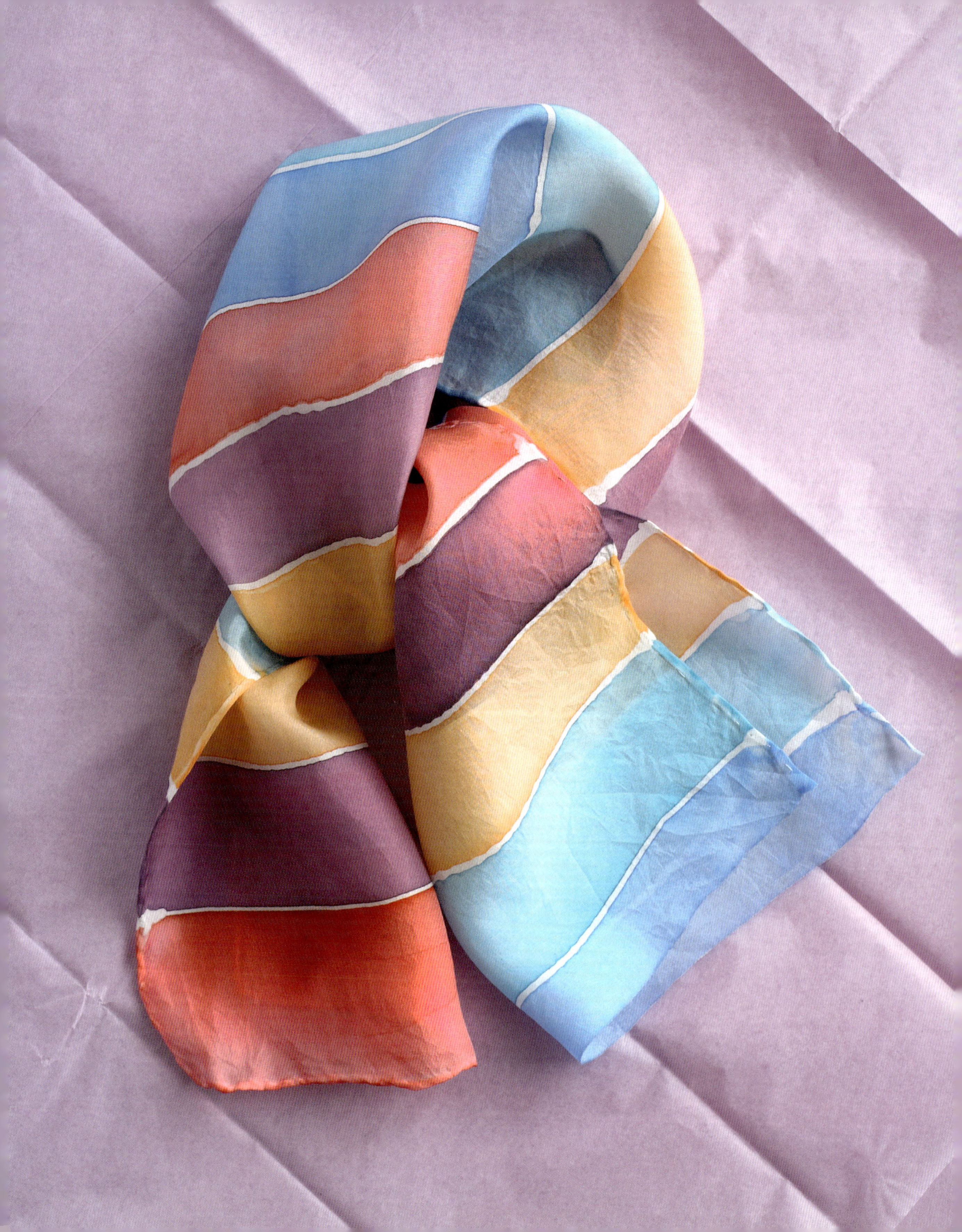

Echarpe de seda pintada

Bolsas e acessórios

Esse belo acessório tem um toque sofisticado, mas você se surpreenderá ao perceber como é fácil fazê-lo. Se você não possui um bastidor próprio para pintá-lo, pode utilizar uma moldura comum para quadros.

Você vai precisar de:

Utensílios: bastidor para pintura de seda (ou moldura média para quadros) • fita-crepe • lápis • recipientes para misturar a tinta • pincel de ponta quadrada • régua • ferro de passar

Materiais: echarpe pronta de seda • um tubo de guta solúvel em água • aquarelas para seda em cores de sua preferência

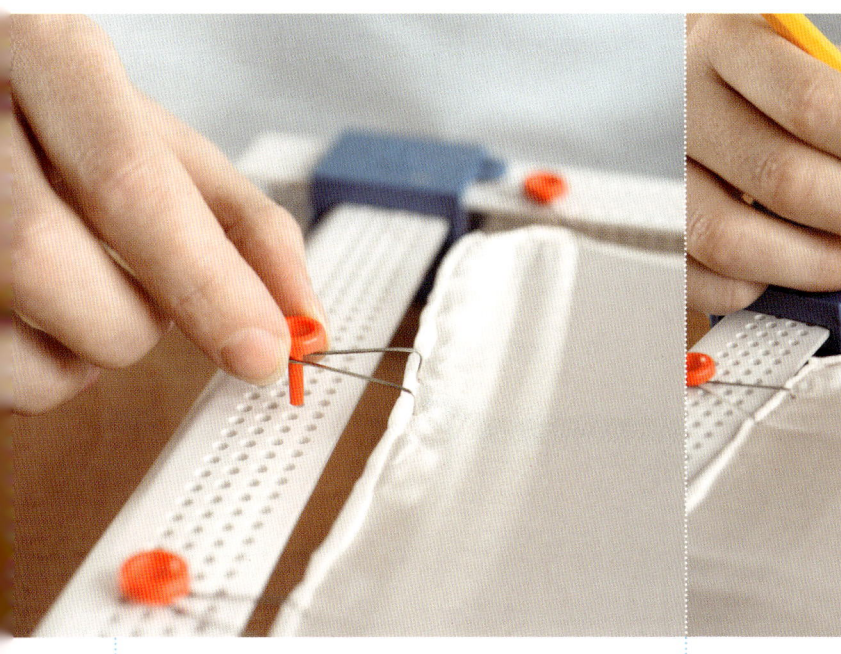

1
Prenda a echarpe no bastidor. Se estiver utilizando uma moldura para quadros, prenda-a com fita-crepe e pinte aos poucos, mudando a posição à medida que a aquarela secar.

2
Decida qual será a distância entre as listras da echarpe. Cole fita-crepe nas laterais do bastidor e faça um traço para a posição de cada listra.

3

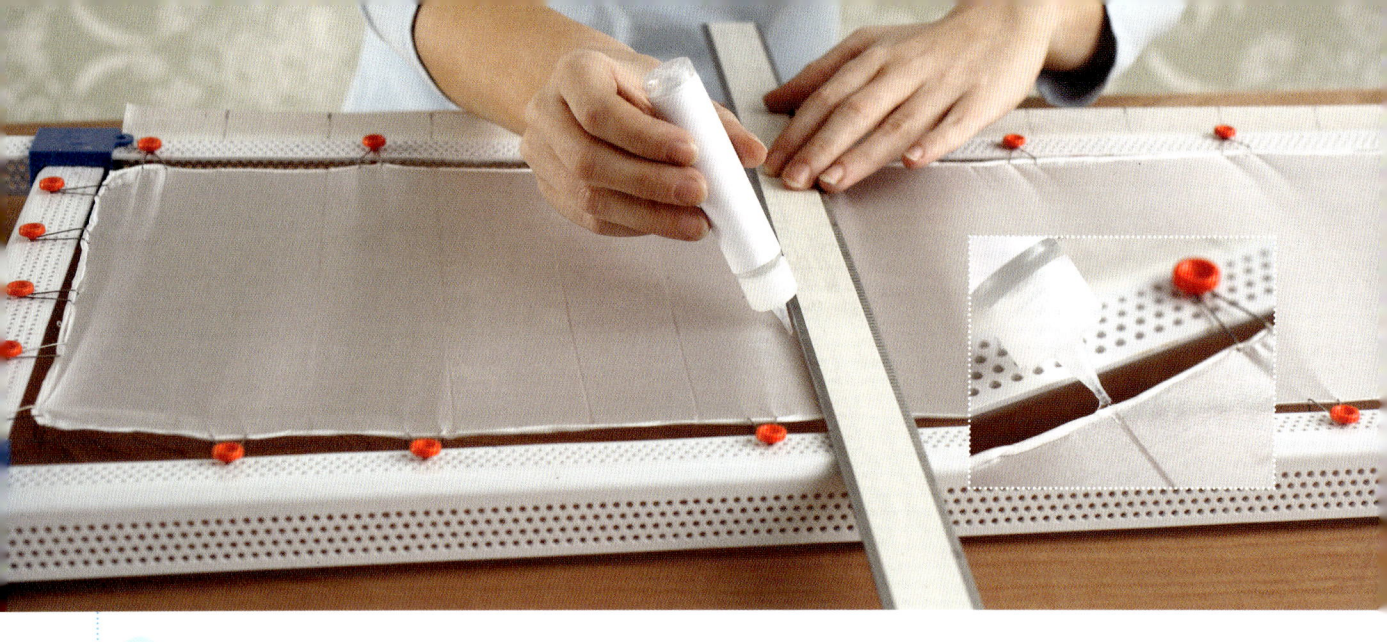

Trace as linhas em guta com o auxílio de uma régua, conforme a marcação na fita-crepe. Faça linhas contínuas de guta por toda a largura do tecido, assim ela impedirá que as cores se misturem.

6

Comece a pintar pela listra mais à esquerda (ou à direita, se você é canhoto), com um pincel de ponta quadrada. Preencha toda a largura da echarpe até as bordas.

7

Continue pintando as listras em cores alternadas por toda a extensão da peça. Quando chegar ao final, espere secar.

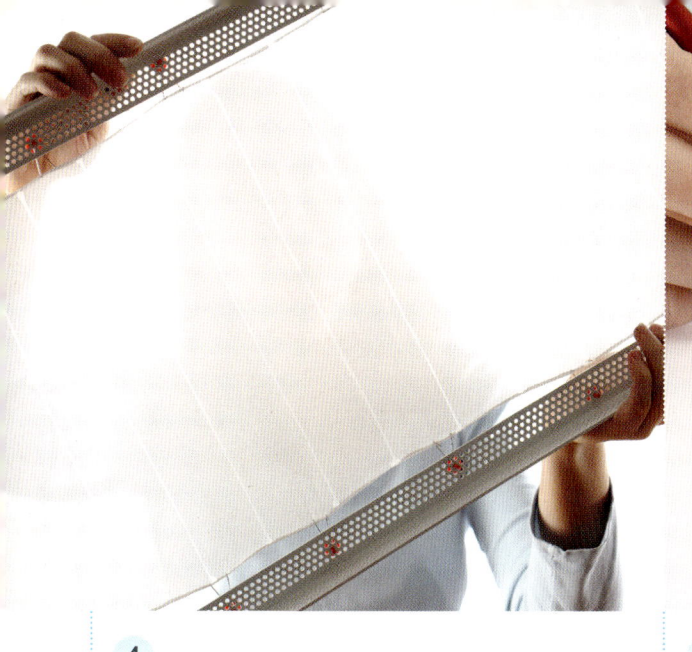

4
Espere a guta secar e observe a echarpe contra a luz para verificar se não há falhas nas linhas. Acrescente mais guta, se necessário. Espere secar.

5
Misture as cores: junte algumas gotas de cada aquarela a 2 colheres (sopa) de água e teste as cores obtidas em um retalho de seda. Ajuste a intensidade das cores conforme desejar.

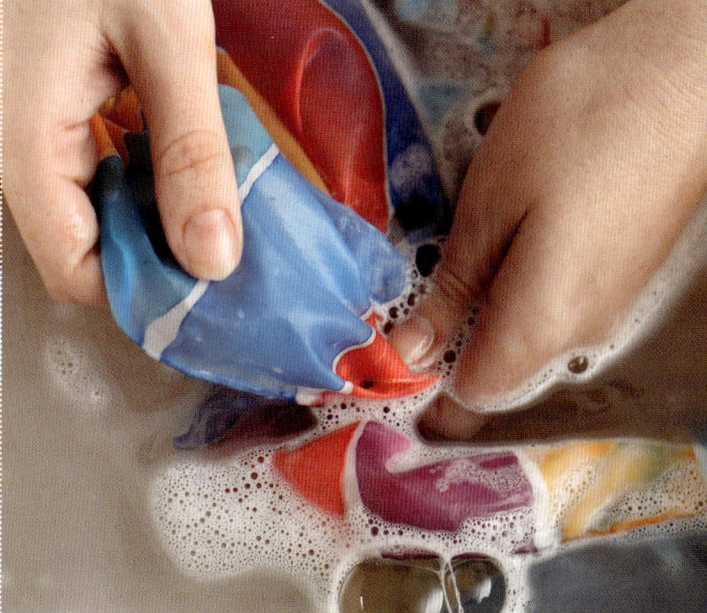

8
Retire a echarpe do bastidor quando ela estiver completamente seca. Passe a ferro conforme as instruções do fabricante da aquarela para fixar as cores.

9
Lave a echarpe à mão com sabão líquido para roupas delicadas. A guta será removida, deixando listras brancas onde foi aplicada. Espere secar e passe a ferro novamente.

Faça uma capa de proteção para seu aparelho eletrônico seguindo as instruções das pp. 107-9. Escolha um botão bonito para dar o toque final.

Capa para celular e tablet

Bolsas e acessórios

Presenteie alguém que não vive sem tecnologia com esse acessório personalizado. O projeto a seguir propõe confeccionar uma peça sob medida para cada aparelho, assim você poderá fazer uma para qualquer marca ou modelo.

Você vai precisar de:

Utensílios: fita métrica • tesoura para tecido • alfinetes • máquina de costura ou agulha para costurar • régua • ferro de passar • marcador de tecido **Materiais:** tecido de algodão para a capa • tecido para o forro • soft • entretela termocolante de espessura média • 15 cm de elástico roliço • botão • linha de algodão para costurar

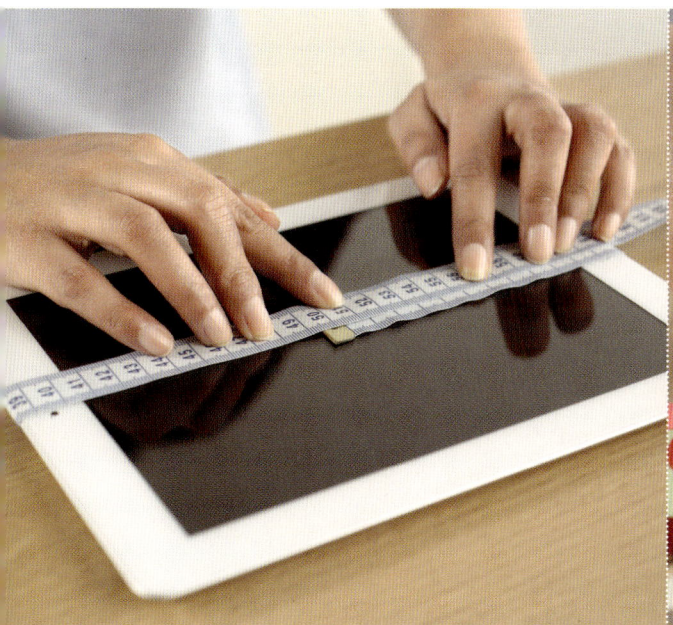

1
Meça o aparelho no sentido do comprimento com a fita métrica. Divida a medida por dois e acrescente 4,5 cm. Faça o mesmo no sentido da largura.

2
Desenhe e corte dois retângulos no tecido da parte externa da capa conforme as medidas obtidas na etapa 1. Faça o mesmo para o tecido do forro, o soft e a entretela.

3

Passe a ferro as peças em entretela, colando-as ao avesso de cada peça do tecido externo. Coloque o forro e o soft (avesso com avesso) e passe a ferro delicadamente pelo lado do forro.

4

Trace a lápis uma linha sobre a entretela, a 1 cm da borda ao redor dos quatro lados de uma das peças. Faça o mesmo em uma das peças com soft e tecido de forro, traçando sobre o soft.

7

Prenda com alfinetes as duas peças do forro com o tecido para dentro. Marque uma abertura de 12 cm na borda inferior. Costure como na etapa 6, deixando uma abertura. Apare as costuras e arremate as bordas.

8

Desvire a parte externa e passe a ferro. Marque um ponto 5 cm abaixo do centro da costura superior e prenda o botão. Vire do lado avesso, acrescente um traço para costura e marque o centro para fixar o elástico.

5

Posicione um botão sobre os cantos inferiores das peças marcadas a lápis. Contorne o botão com o lápis para arredondar os cantos.

6

Una com alfinetes as duas peças com entretela, lado direito com direito, alinhando as margens superiores. Costure as laterais e a parte inferior sobre a linha traçada, apare as costuras e arremate as bordas.

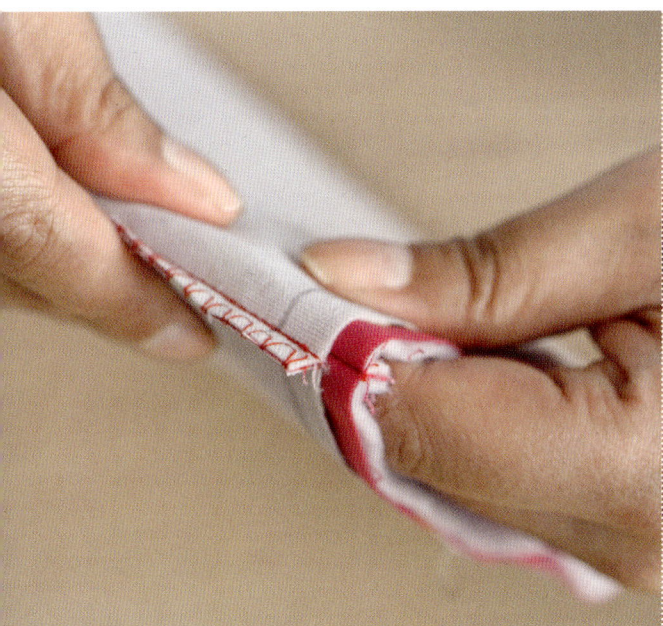

9

Vire o forro com o lado direito para fora e encaixe dentro da outra peça. Coloque a alça de elástico entre os dois, no local marcado. Prenda com alfinetes e costure. Reforce os pontos sobre o elástico.

10

Apare a costura e arremate as bordas. Pela abertura no fundo do forro, desvire a capa, deixando o lado direito para fora. Feche a abertura no forro com costura à mão. Passe a capa a ferro.

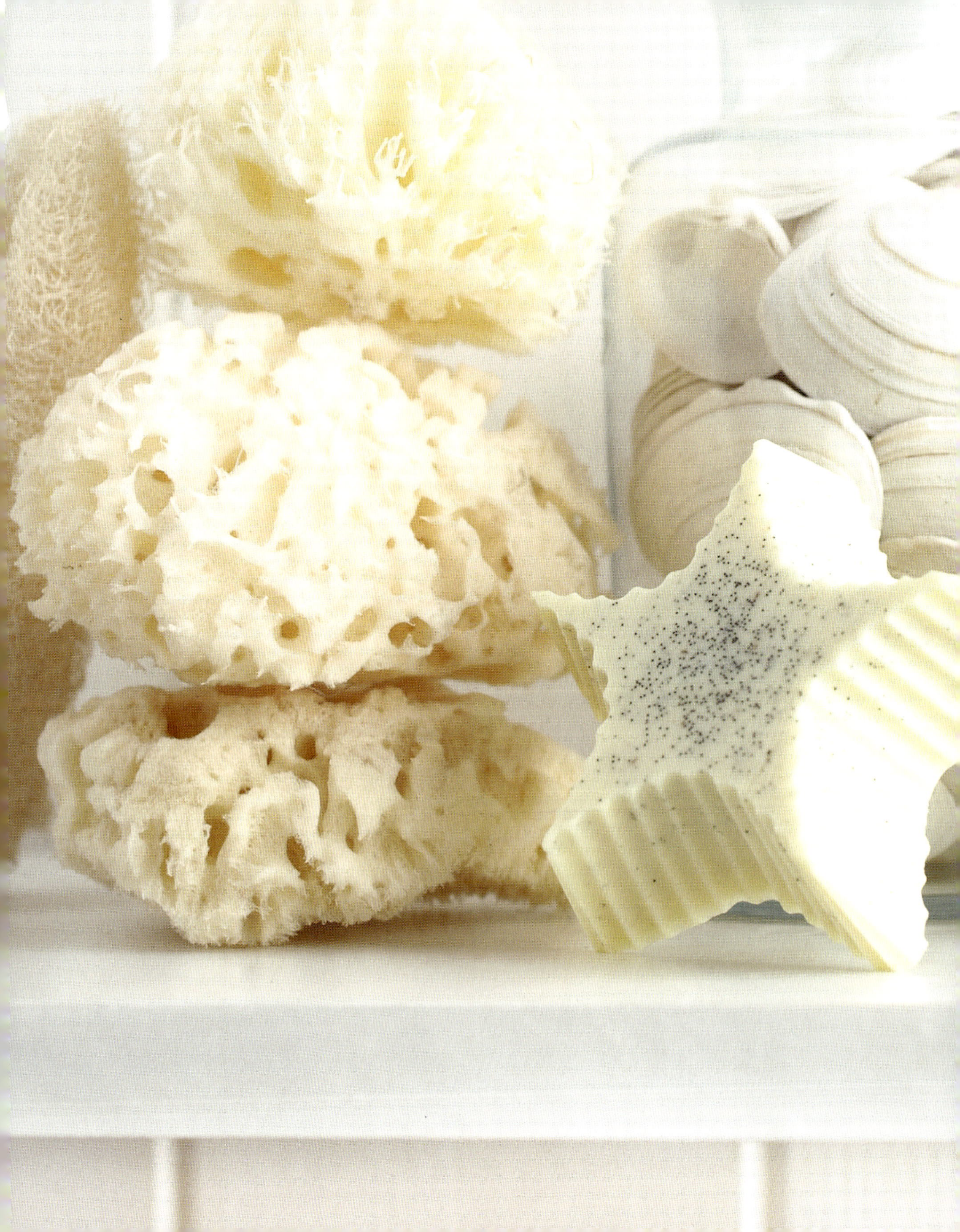

Mimos para relaxar

> **A receita desses** sabonetes é fácil (pp. 113-5). Veja as variações nas pp. 116-9 e crie outros, com aromas diferentes.

Sabonete de limão

Mimos para relaxar

Um presente que aguça os sentidos. Não é necessário ter habilidades especiais para fazer esses sabonetes coloridos e aromatizados com ingredientes como especiarias e óleos essenciais ou essências (ver p. 119) de flores e frutas desidratadas.

Você vai precisar de:

Utensílios: luvas • vasilha refratária • panela • espátula • colher • fôrma quadrada • faca **Materiais:** 1 kg de base de glicerina branca para sabonete • corante amarelo diluído em água conforme instruções da embalagem • casca de limão granulada • óleo essencial ou essência de limão-siciliano • álcool de cereais líquido • 9 fatias de limão desidratado • filme de PVC

Rende 9 barras

1
Coloque as luvas e corte a base de glicerina em pedaços menores. Aqueça em banho-maria. Mexa de vez em quando até a base derreter completamente.

2
Adicione a quantidade desejada de corante diluído à base derretida e mexa até a cor ficar uniforme.

113

3
Acrescente as raspas de limão aos poucos, misturando levemente. Mexa até as raspas se espalharem pela mistura de maneira uniforme.

4
Junte o óleo essencial ou a essência de limão-siciliano e misture de leve até agregar bem.

7
Volte a borrifar a primeira camada com álcool de cereais. A substância funcionará como uma cola, ajudando a unir essa camada à próxima.

8
Acrescente lentamente o restante da mistura à fôrma. Coloque as fatias de limão. Trabalhe rápido, pois a camada superior começará a endurecer assim que for despejada na fôrma.

5
Despeje cerca de ¾ da mistura na fôrma. Mantenha o restante no banho-maria para não endurecer.

6
Borrife a mistura com álcool de cereais para eliminar as bolhas de ar. Reserve essa primeira camada por 20-25 minutos, até ficar firme e morna.

9
Distribua as fatias de limão de maneira que, ao cortar o sabonete, cada pedaço contenha uma rodela. Borrife a superfície com álcool de cereais para eliminar as bolhas de ar. Espere endurecer.

10
Retire o sabonete da fôrma e corte em 9 pedaços quadrados com o auxílio de uma faca. Embrulhe cada pedaço em filme de PVC.

Mimos para relaxar

Mais aromas

Crie sabonetes exclusivos variando a combinação de essências e corantes. Todas as sugestões abaixo são feitas seguindo os mesmos passos da receita do Sabonete de limão (pp. 113-5). Com 1 kg de base de glicerina você produz nove barras de cada sabonete. Veja as possibilidades:

A. *Sabonete de bergamota*
¼-¾ de colher (chá) de corante mineral natural laranja
2½ colheres (chá) de óleo essencial ou essência de bergamota
9 fatias de laranja desidratada

B. *Sabonete de rosa*
2½ colheres (chá) de óleo essencial ou essência de rosa
    diluída em óleo de semente de uva
100 g de botão de rosa

C. *Sabonete de canela*
¼-¾ de colher (chá) de corante mineral natural caramelo
2½ colheres (chá) de óleo essencial ou essência de canela
9 pedaços de canela em pau

D. *Sabonete de camomila*
¼-¾ de colher (chá) de corante mineral natural verde-escuro
2½ colheres (chá) de óleo essencial ou essência de camomila
35 g de camomila desidratada

E. *Sabonete de lavanda*
¼-¾ de colher (chá) de corante mineral natural violeta
2½ colheres (chá) de óleo essencial ou essência de lavanda
10 g de flor de lavanda

F. *Sabonete de baunilha*
¼-¾ de colher (chá) de corante mineral natural creme
2½ colheres (chá) de essência de baunilha para perfumaria
30 g de fava de baunilha (acrescente também as sementes)

G. *Sabonete de zimbro*
¼-¾ de colher (chá) de corante mineral natural cor-de-rosa
2½ colheres (chá) de óleo essencial ou essência de zimbro
100 g de zimbro

H. *Sabonete de sândalo*
¼-¾ de colher (chá) de corante mineral natural marrom-claro
2½ colheres (chá) de óleo essencial ou essência de sândalo
50 g de semente de papoula azul ou de colza

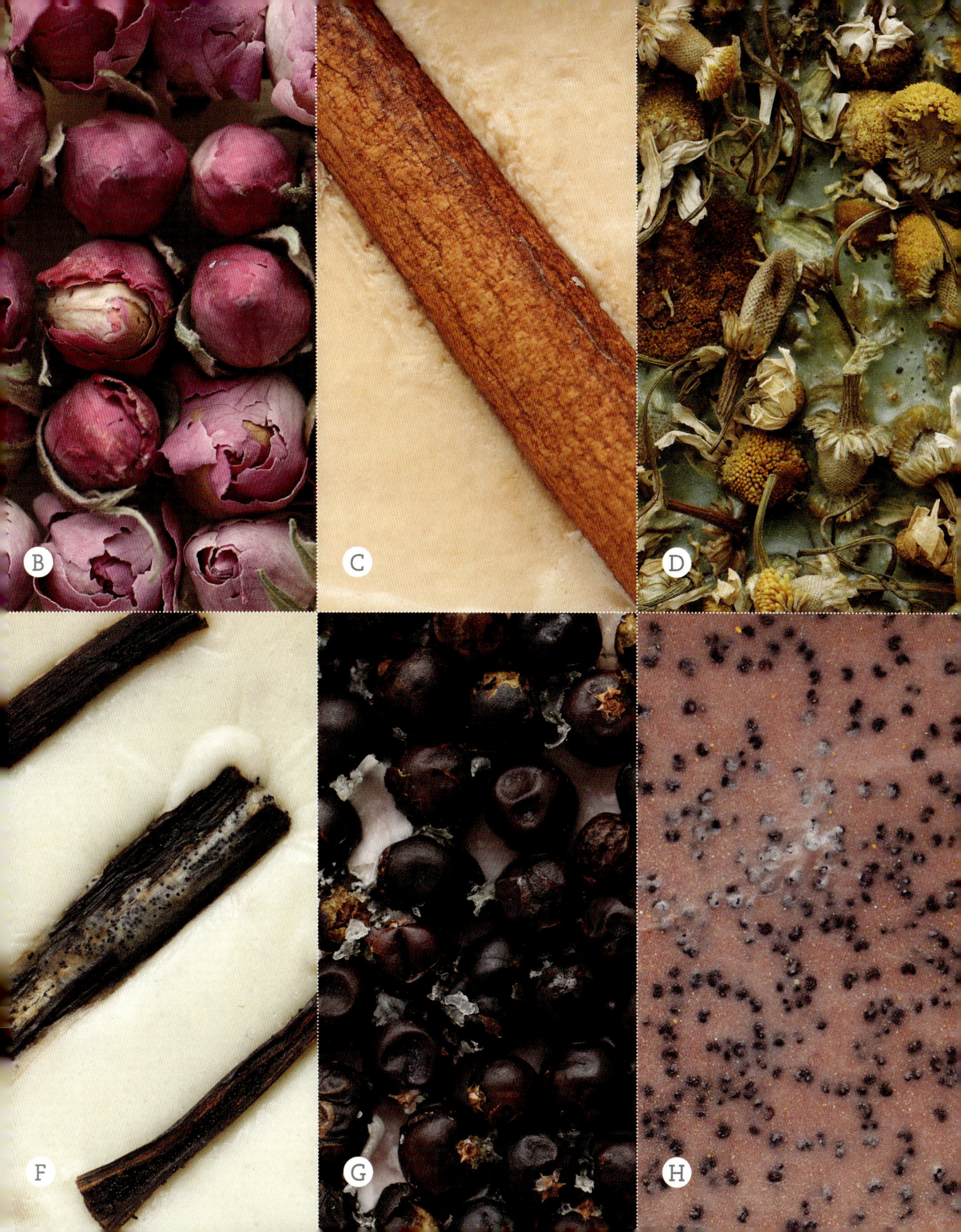
B
C
D
F
G
H

Fatia de sabonete

Você vai precisar de:
1 kg de base de glicerina
¼ colher (chá) de corante mineral natural cor-de-rosa
2½ colheres (chá) de óleo essencial ou essência de zimbro
100 g de zimbro

Esse sabonete é feito como o de limão (pp. 113-5), mas em duas etapas distintas. Primeiro, derreta metade da base com corante cor-de-rosa e metade do óleo essencial ou da essência de zimbro. Despeje a mistura em uma fôrma redonda e borrife com álcool de cereais para eliminar as bolhas. Espere endurecer. Derreta a outra metade da base com o restante do óleo essencial ou da essência. Borrife a camada inferior novamente e despeje a mistura derretida sobre ela. Distribua as frutinhas por cima e borrife mais uma vez com álcool de cereais. Quando endurecer, desenforme e corte em fatias.

Estrela de baunilha

Você vai precisar de:
1 kg de base de glicerina branca
¼-¾ colher (chá) de corante mineral natural creme
2½ colheres (chá) de essência de baunilha para perfumaria
30 g de semente de fava de baunilha

Siga a receita do Sabonete de limão (pp. 113-5), porém a mistura será despejada em fôrmas individuais. Existem moldes à venda em lojas especializadas, mas você pode utilizar fôrmas de silicone para culinária, se preferir. No lugar das raspas de limão, utilize sementes de baunilha para criar o efeito esfoliante e acentuar o aroma. Para decorar as estrelas, coloque as favas de baunilha no fundo dos moldes antes de despejar a mistura.

Coração de lavanda

Você vai precisar de:
1 kg de base de glicerina branca
¼-¾ colher (chá) de corante mineral natural violeta
2½ colheres (chá) de óleo essencial ou essência de lavanda
10 g de flor de lavanda

Para fazer esse mimo, siga os passos da receita do Sabonete de limão (pp. 113-5), substituindo pelos ingredientes acima. Corte-os em forma de coração com o auxílio de um cortador de biscoitos. As flores ficarão na superfície – o sabonete terá uma camada esfoliante.

* Os óleos essenciais são ingredientes naturais; as essências são elementos sintéticos. Use conforme as instruções da embalagem.

Sabonete de laranja

Você vai precisar de:
1 kg de base de glicerina incolor
2½ colheres (chá) de óleo essencial ou essência de bergamota
9 fatias de laranja desidratada

O segredo do frescor desse mimo é que ele utiliza base de glicerina incolor, embora seja feito como o de limão (pp. 113-5). Sua transparência permite a visualização da fatia de laranja no seu interior. Derreta metade da base incolor com metade do óleo essencial ou da essência. Despeje a mistura em uma fôrma quadrada e distribua as rodelas de laranja na superfície, de maneira uniforme. Quando essa primeira camada endurecer, derreta o restante da base e do óleo essencial ou da essência. Borrife a camada de baixo com o álcool de cereais para eliminar as bolhas. Despeje o restante da mistura e espere endurecer. Corte o sabonete em nove barras quadradas.

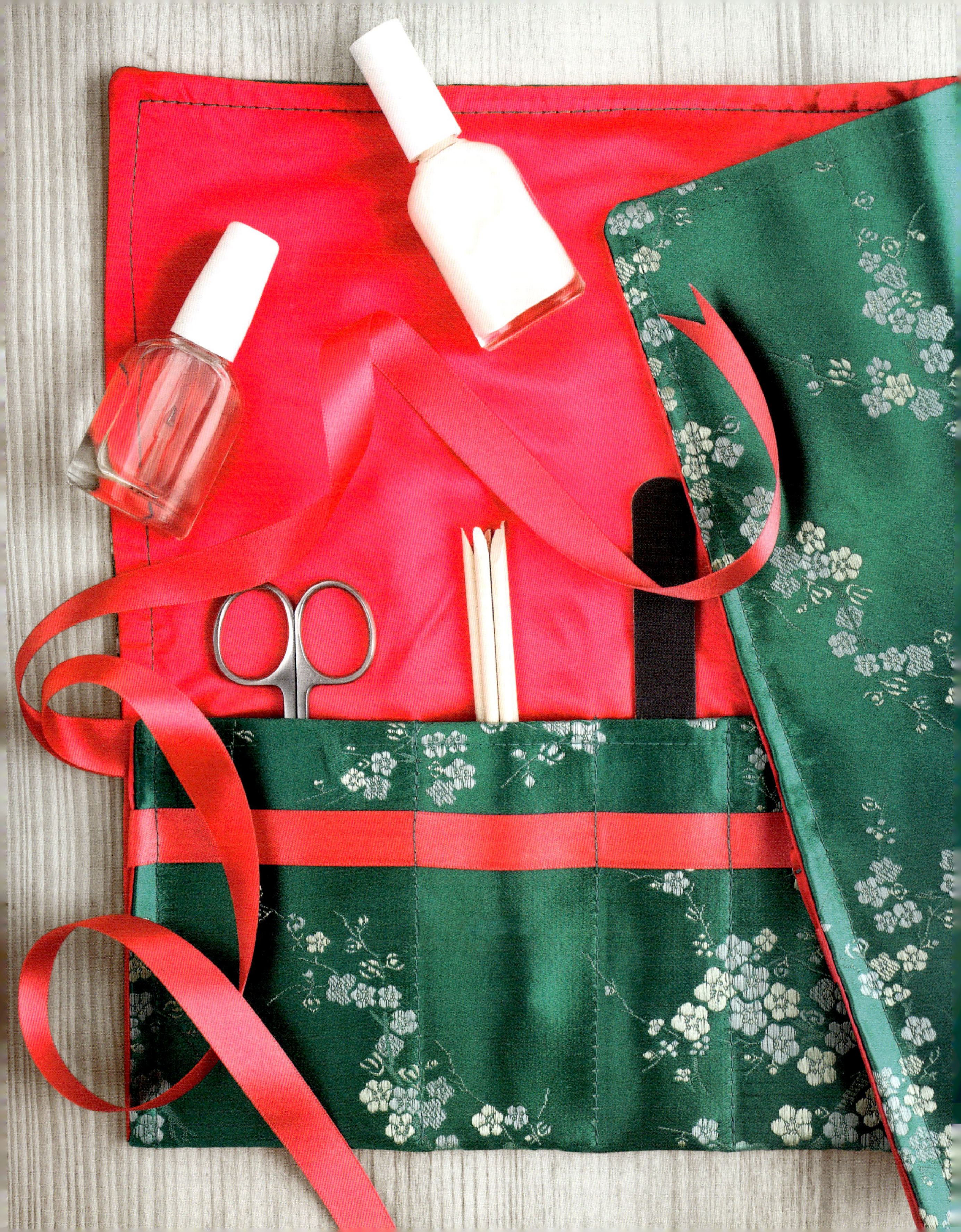

Kit de manicure

Mimos para relaxar

Escolha uma seda com estampa oriental ou um tecido de algodão com desenho delicado para fazer esse presente. Coloque nele itens essenciais para cuidar das unhas e complete com esmaltes coloridos.

Você vai precisar de:

Utensílios: tesoura para tecido • ferro a vapor • máquina de costura • alfinetes

Materiais: seda mista estampada • seda mista lisa • entretela termocolante • fita de cetim de 1 cm de largura • cadarço de algodão • linha para costurar na cor do tecido

1
Corte três retângulos de 38 cm x 43 cm: um no tecido estampado, um no forro e um na entretela.

2
Coloque o tecido estampado com o lado direito para baixo e sobreponha a entretela. Passe a ferro para fixar. Costure à máquina em ponto zigue-zague ou overloque ao redor da borda.

3

Arremate as bordas do forro com ponto zigue-zague para impedir que desfiem. Junte o tecido estampado com o forro, lado direito com lado direito, e costure unindo os dois lados mais longos e um dos mais curtos.

4

Vire a peça com o lado direito para fora. Dobre as bordas do lado aberto para dentro. Passe a ferro e prenda com alfinetes. Feche a abertura com ponto reto.

7

Começando por um dos lados inferiores do bolso, costure com ponto reto ao longo da borda, unindo a lateral do bolso e a fita. Continue a costura ao redor da parte superior da peça e do outro lado do bolso.

5

Faça uma dobra de 11 cm formando um bolso no lado costurado com ponto reto. Corte 41 cm de fita e prenda com alfinetes sobre o bolso. Dobre e prenda as pontas da fita sob o bolso.

6

Dobre o restante da fita ao meio e prenda a ponta com um alfinete dentro do canto superior esquerdo do bolso, sob a borda dobrada.

8

Decida qual será a largura dos bolsos internos e marque as divisões com cadarço de algodão. Prenda o cadarço com alfinetes.

9

Costure os bolsos à máquina, utilizando os cadarços como guias. Retire os alfinetes e cadarços. O kit de manicure está pronto: enrole-o e amarre-o com a fita.

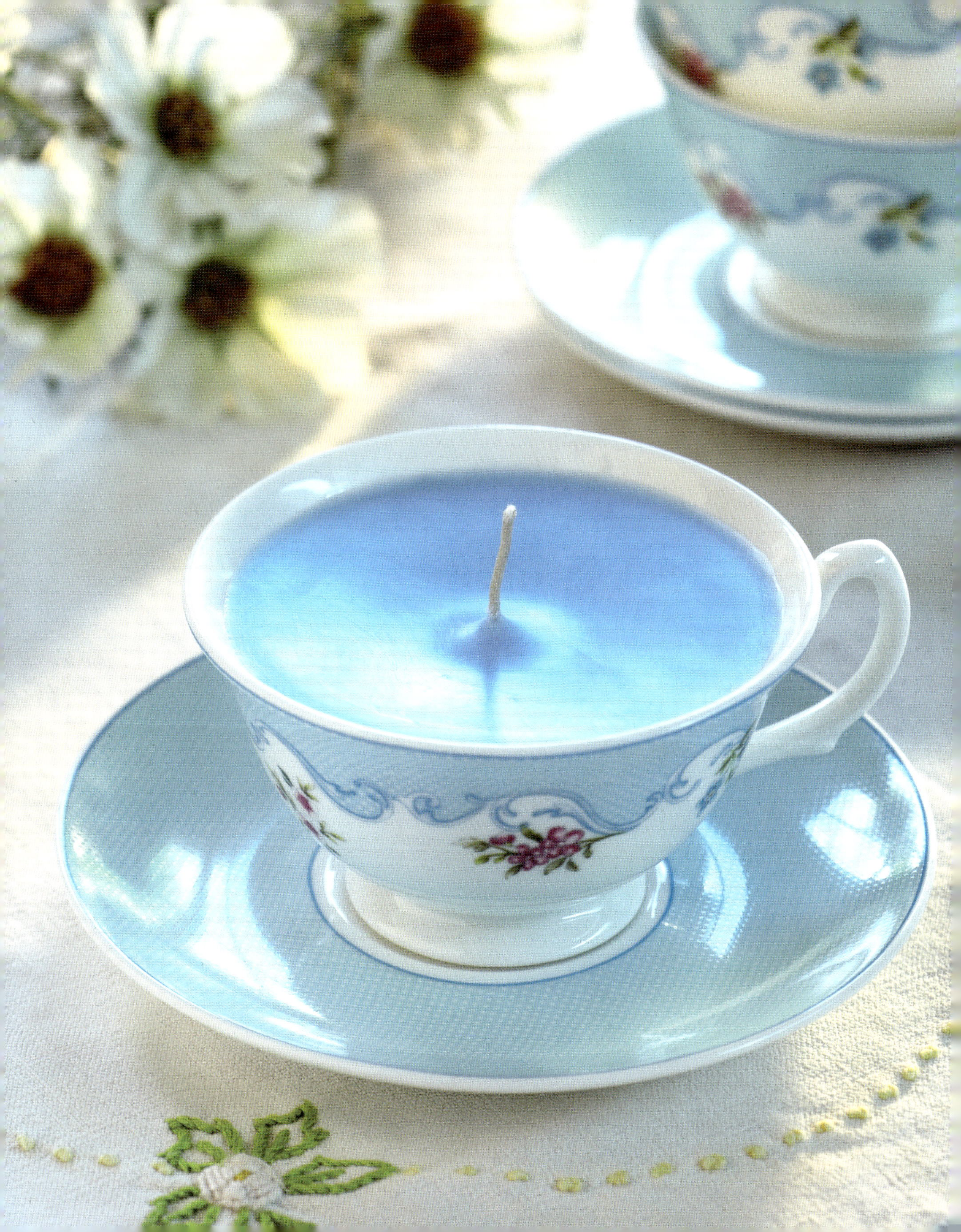

Vela decorativa

Mimos para relaxar

Encante alguém escolhendo um recipiente original para esse presente. Que tal uma bela xícara de porcelana ou uma latinha prática, para levar em uma viagem? Use a imaginação também ao escolher as cores e as fragrâncias.

Você vai precisar de:

Utensílios: 2 panelas (ou 1 panela grande e 1 vasilha refratária) • termômetro para vela • grade de metal • colher de metal • 2 palitos de madeira • 2 elásticos *Materiais:* xícara de chá • parafina de soja (o peso da parafina em gramas deve ser igual ao volume de água, em mililitros, que cabe na xícara) • anilina • pavio • ilhós

1
Derreta a parafina em banho-maria, mexendo de vez em quando.

2
Quando derreter e atingir a temperatura de 70°C, retire a panela do fogo e adicione a anilina (1 g para cada 100 g de parafina). Mexa até dissolver.

3

Insira um pedaço de pavio no ilhós de metal. Encaixe o pavio entre dois palitos de madeira e prenda-os com elásticos nas pontas. Apoie os palitos na borda da xícara e posicione o pavio: ele deve ficar centralizado e esticado.

4

Despeje a parafina derretida na xícara e bata levemente com uma colher para eliminar as bolhas de ar. Espere esfriar. Caso a vela tenha encolhido, acrescente mais parafina. Quando estiver dura, apare o pavio.

Velas perfumadas

Você pode utilizar as essências sintéticas ou 100% naturais, feitas com plantas e flores, produzidas para aromaterapia. O processo para utilizá-las é o mesmo: misture à parafina quente antes de despejar no recipiente. Cada tipo de fragrância tem um efeito sobre o ânimo das pessoas:

A. *Pinho ou cravo*
Para aumentar a energia

B. *Lavanda ou néroli*
Para acalmar e relaxar

C. *Jasmim ou bergamota*
Para melhorar o humor

D. *Canela ou eucalipto*
Para facilitar a concentração

E. *Sândalo ou limão*
Para diminuir o estresse

Vela para viagem

Muito prática, feita em latinha ou pote de vidro com tampa, pode ser levada na bagagem. Confeccione-a seguindo os passos da Vela decorativa (pp. 125-6). Se você utilizar vários tipos de fragrâncias ou cores, deverá derreter a parafina aos poucos, para não misturar as essências e anilinas. Quando as velas endurecerem, use a imaginação e decore ou rotule os recipientes como preferir. As da foto foram enfeitadas com contas presas em arame e cartõezinhos de alumínio.

Vela em camadas

Faça seguindo os passos das pp. 125-6. Divida a parafina derretida em partes – uma para cada cor que for utilizar – e misture as anilinas. Posicione o pavio e despeje a primeira camada de parafina colorida em um copo. Bata levemente para eliminar bolhas de ar. Quando endurecer, reaqueça a parafina na cor da próxima camada e despeje por cima da primeira. Repita o procedimento para cada camada. Reserve por 24 horas para endurecer completamente.

Dica: aumente a quantidade de anilina para obter tons mais fortes da mesma cor.

Vela no ramequim

Essa pequena vasilha, geralmente utilizada para servir pudins ou suflês em porções individuais, também é uma ótima opção como recipiente de velas. Que tal fazer um conjunto de velas para compor um presente? Se você utilizar parafina de soja, o ramequim poderá ser reutilizado quando a vela acabar (lave-os ou leve-os ao freezer por algumas horas para remover a parafina). Utilize o passo a passo das pp. 125-6.

Vela com três pavios

Crie esse enfeite original com o passo a passo das pp. 125-6. Será necessário utilizar mais um par de palitos de madeira para segurar o terceiro pavio (um dos pares pode segurar dois pavios ao mesmo tempo). Com mais pavios, a vela ilumina mais e exala mais perfume.

Dica: vasilhas de porcelana ou pratos para vasos também podem ser utilizados para peças com mais de um pavio.

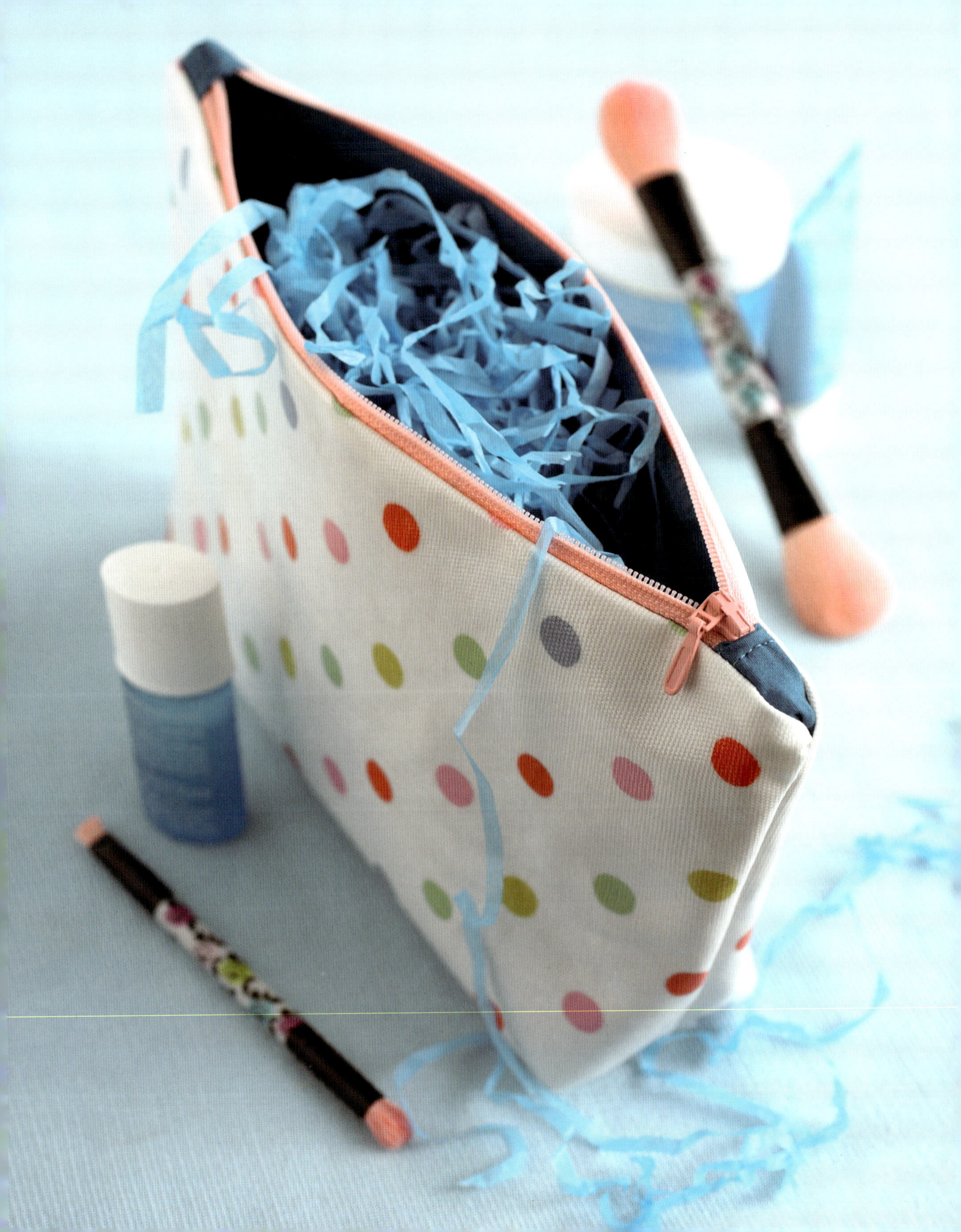

Nécessaire

Mimos para relaxar

Combine papel de seda e alguns cosméticos perfumados para fazer alguém se sentir muito especial com esse presente. Se o tecido for emborrachado, a peça será resistente à água. Outra opção pode ser um algodão xadrez grosso.

Você vai precisar de:

Utensílios: tesoura para tecido ou cortador circular e base para corte • alfinetes • máquina de costura ou agulha para costurar

Materiais: tecido emborrachado • tecido de algodão para o forro • zíper de 30 cm • linha de algodão para costurar na cor do forro

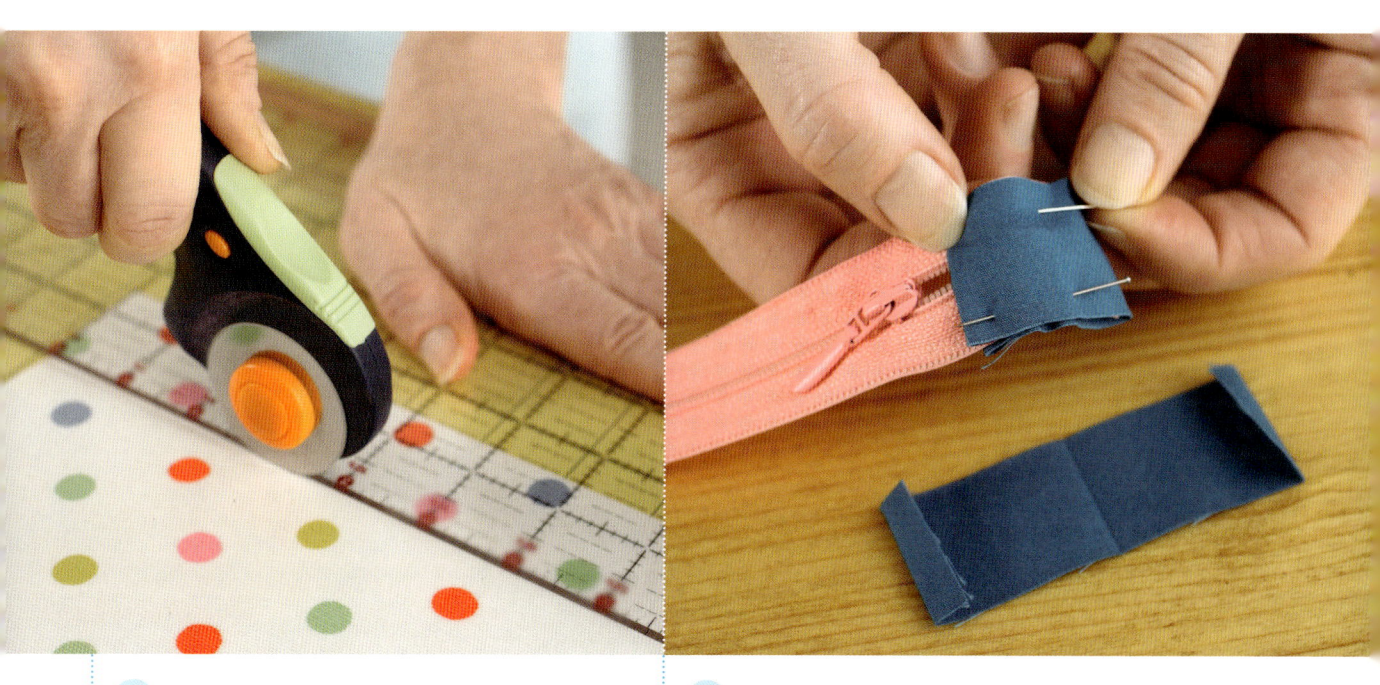

1
Corte dois retângulos no tecido emborrachado e dois no tecido do forro, cada um com 20 cm x 30 cm. Corte duas faixas no tecido do forro, cada uma com 9 cm x 2,5 cm.

2
Dobre 5 mm nas pontas das faixas de forro. Dobre uma delas sobre a ponta do zíper e prenda com alfinetes. Costure unindo todas as camadas e faça o mesmo na outra ponta.

3

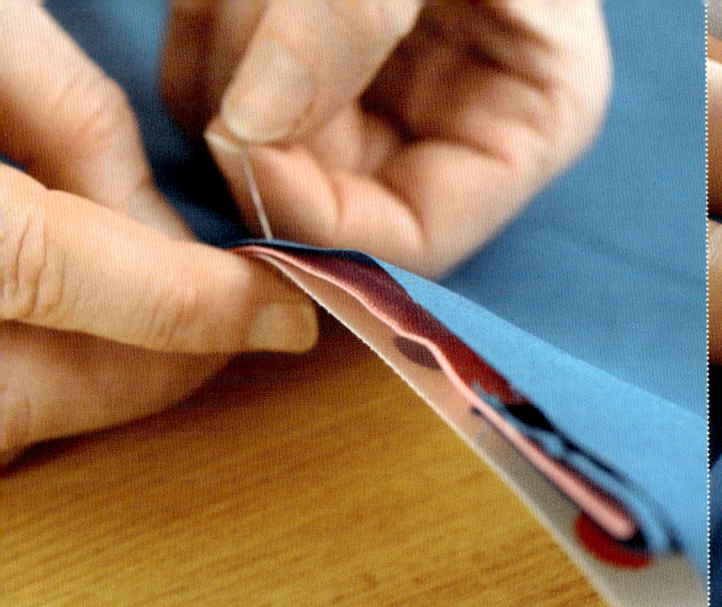

Prenda com alfinetes o tecido externo (com o lado direito para cima), o zíper e o forro (ambos com o lado direito para baixo). Una o outro lado do zíper às outras partes do tecido externo e do forro.

4

Ajuste a máquina para fazer pontos longos e costure as três camadas juntas, nos dois lados do zíper. Segure os três tecidos com cuidado para que os pontos fiquem alinhados.

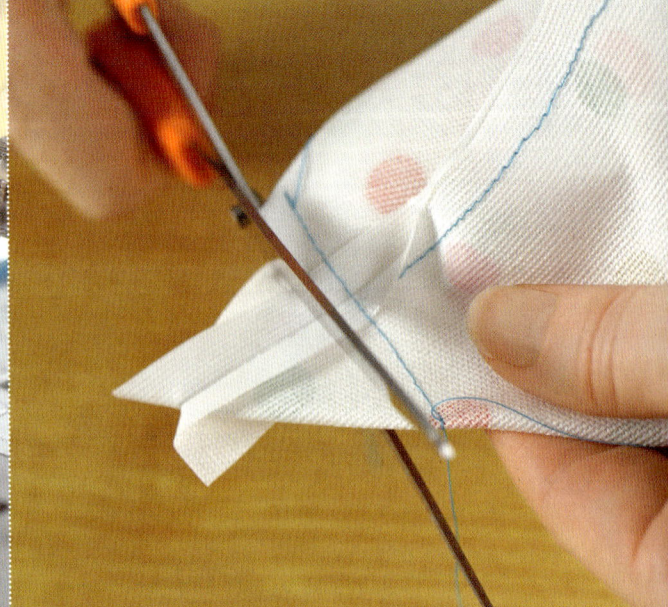

7

Abra três quartos do zíper. Costure as bordas do forro e do tecido emborrachado. Deixe uma abertura no forro. Aperte as costuras para evitar que fiquem muito volumosas.

8

Modele os quatro cantos: dobre-os posicionando a costura no centro. Achate o tecido e faça uma nova costura atravessando o bico que se formou, a 3 cm da ponta. Apare o excesso de tecido.

5

Alise a costura ao longo do zíper com os dedos. Se necessário, passe as costuras a ferro em temperatura bem baixa sobre o forro, protegendo a peça com um pano de prato.

6

Vire o forro e o tecido emborrachado, unindo lado direito com lado direito. Prenda as duas partes do forro com alfinetes, deixando uma abertura de 10 cm no fundo. Não é necessário colocar alfinetes no tecido emborrachado.

9

Puxe o tecido do nécessaire para fora pela abertura no forro. Se necessário, passe a ferro pelo lado do avesso, protegendo a peça com um pano.

10

Dobre as bordas da abertura no forro e passe a ferro para um bom alinhamento. Prenda com alfinetes e costure a abertura à mão ou à máquina.

Aprenda a fazer uma bomba de sais de banho de zimbro (pp. 135-7). Se preferir a fragrância de rosas, utilize o óleo essencial ou a essência dessa flor e acrescente algumas pétalas.

Bomba de sais de banho

Mimos para relaxar

Presenteie alguém com um momento especial, colorido, perfumado e cheio de bolhinhas. O efeito na água é incrível, e o produto, muito fácil de fazer.

Você vai precisar de:

Utensílios: peneira • 1 vasilha média • 2 vasilhas pequenas • colher • molde esférico

Materiais: 155 g de bicarbonato de sódio • 75 g de ácido cítrico • ¼ de colher (chá) de pigmento em pó violeta • ½ colher (chá) de óleo essencial ou essência de zimbro • borrifador com água

Rende 1 bomba

1 Peneire a medida de bicarbonato de sódio sobre a vasilha maior.

2 Acrescente o ácido cítrico e misture bem com os dedos.

3

Divida a mistura entre as duas vasilhas menores. Acrescente o pigmento a uma delas e misture bem com uma colher ou com os dedos. Deixe o pó bem solto, sem pedaços.

4

Junte metade da essência a cada vasilha. Misture bem para desfazer os pedaços.

7

Complete com a mistura branca sobre a lilás. Faça o mesmo com a outra parte do molde, mas começando pela mistura branca.

8

Junte as duas partes do molde, alinhando as metades da esfera. Pressione bem para unir as partes.

5
Borrife um pouco de água em cada vasilha e misture com os dedos. Continue borrifando e misture até ficar levemente úmido.

6
Coloque a mistura lilás até a metade de uma das partes do molde. Pressione com os dedos para eliminar as bolhas de ar.

9
Espere cerca de 5 minutos até a esfera endurecer. Não toque na peça, pois ela estará bem frágil antes de endurecer.

10
Quando a esfera estiver dura, retire uma parte do molde. Apoie na palma da mão e retire a outra parte com cuidado.

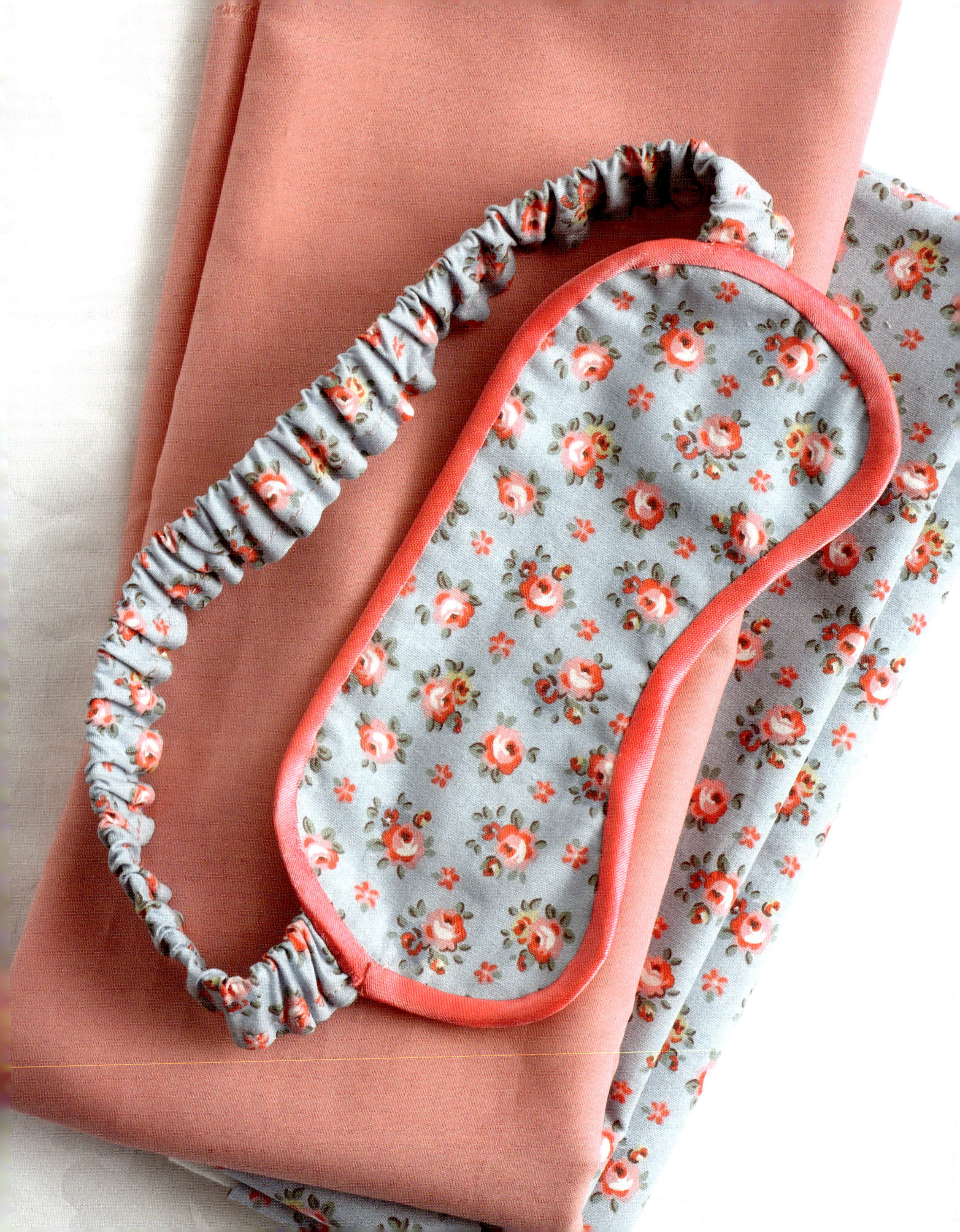

Máscara para dormir

Mimos para relaxar

Que tal presentear alguém com uma boa noite de sono? O tecido *blackout* impede a passagem da luz. Você também pode colocar um pouco de lavanda antes de fechar a costura para acrescentar um aroma relaxante.

Você vai precisar de:

Utensílios: tesoura para tecido • alfinetes • máquina de costura • agulha para costurar • alfinete de segurança • ferro de passar

Materiais: tecido de algodão estampado • tecido de algodão para o forro • tecido blackout • linha de algodão na cor do tecido • 50 cm de viés com largura de 15 mm (a cor deve combinar com o tecido) • 40 cm de elástico com 12 mm de largura

1
Tire uma cópia ou faça o traçado do molde (p. 232). Recorte os tecidos no formato da máscara: o tecido estampado, o do forro e o blackout.

2
Coloque o tecido estampado, com o lado direito para cima, sobre o blackout. Disponha o forro, com o lado direito para baixo, sobre o tecido estampado. Prenda as 3 camadas com alfinetes.

3

Costure a borda da máscara deixando uma abertura de 5 cm na parte reta. Arremate bem o início e o final da costura.

4

Apare o tecido excedente ao redor da máscara. Desvire a peça e passe a ferro.

7

Corte uma faixa de 6,5 cm x 50 cm em tecido para a alça. Dobre ao meio no sentido do comprimento e vire as bordas para dentro. Passe a ferro, prenda com alfinetes e feche a borda com ponto corrido.

8

Prenda um alfinete de segurança a uma ponta do elástico e um alfinete comum na outra ponta para impedir que escape dentro da alça. Puxe o alfinete de segurança por dentro da alça, trazendo o elástico junto.

5

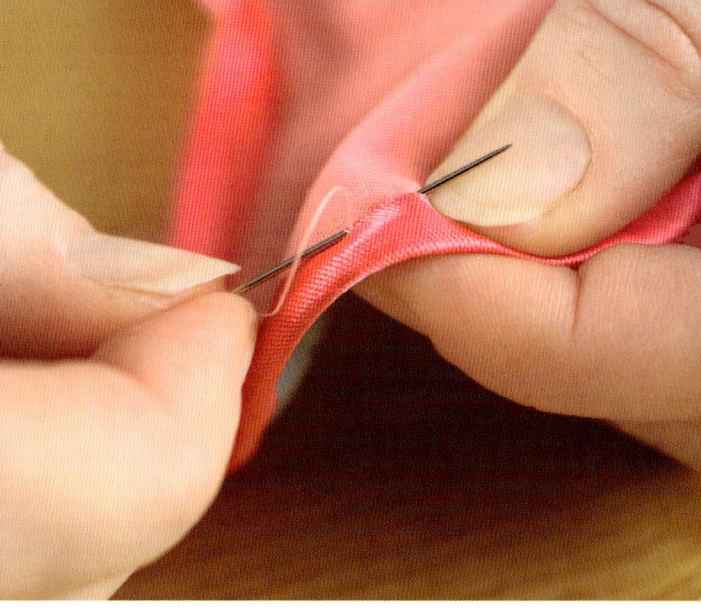

Abra o viés e prenda-o com alfinetes na frente da máscara, lado direito com lado direito. Coloque os alfinetes bem junto da borda. Costure sobre a dobra com ponto corrido.

6

Quando chegar ao final do viés, dobre a borda mais curta para baixo e costure sobre o início dos pontos. Vire o viés sobre a parte de trás da máscara e costure com ponto invisível.

9

Costure as duas pontas ao tecido com o elástico dentro da alça. Dobre a ponta da alça para esconder a borda e costure-a à parte traseira da máscara.

10

Vire a máscara e costure o viés sobre o elástico. Repita as etapas 9 e 10 para fixar a outra ponta da alça e completar a peça.

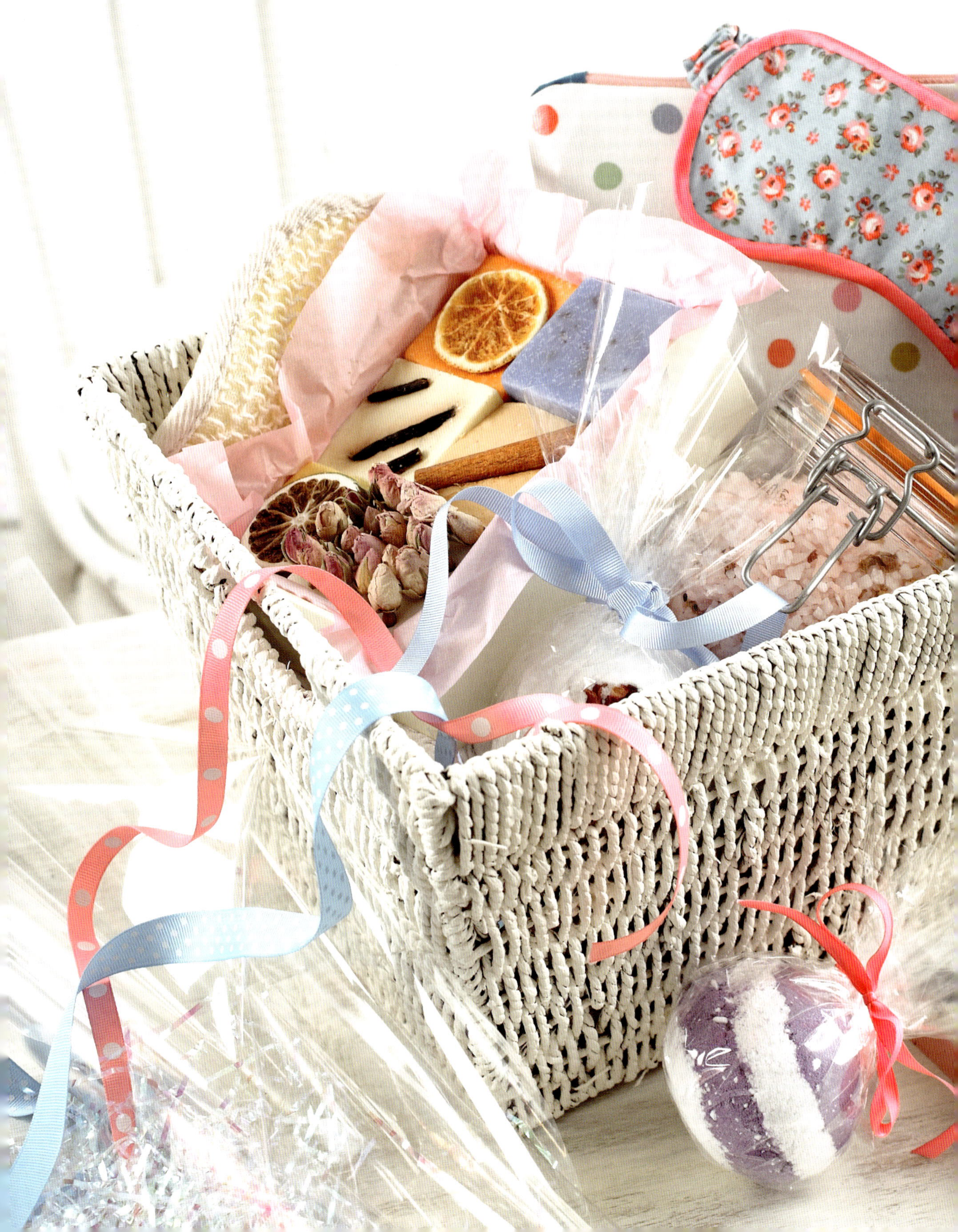

Cesta de mimos

Surpreenda alguém com uma cesta cheia de presentes feitos com todo carinho. Os itens que você aprendeu a fazer na seção "Mimos para relaxar" são perfeitos para compor a cesta. A sugestão da foto contém um kit de sabonetes naturais (pp. 112-7) embalados em uma caixa; uma Fatia de sabonete (p. 118); uma Bomba de sais de banho e uma de pétalas de rosas (pp. 134-7); um Nécessaire (pp. 130-3); e uma Máscara para dormir (pp.138-41). Complete com outros itens relaxantes, como esponjas, toalhinhas ou um pote de vidro com sais de banho. Embrulhe a cesta com celofane e amarre com um belo laço de fitas. Ficará linda e com certeza irá encantar quem recebê-la.

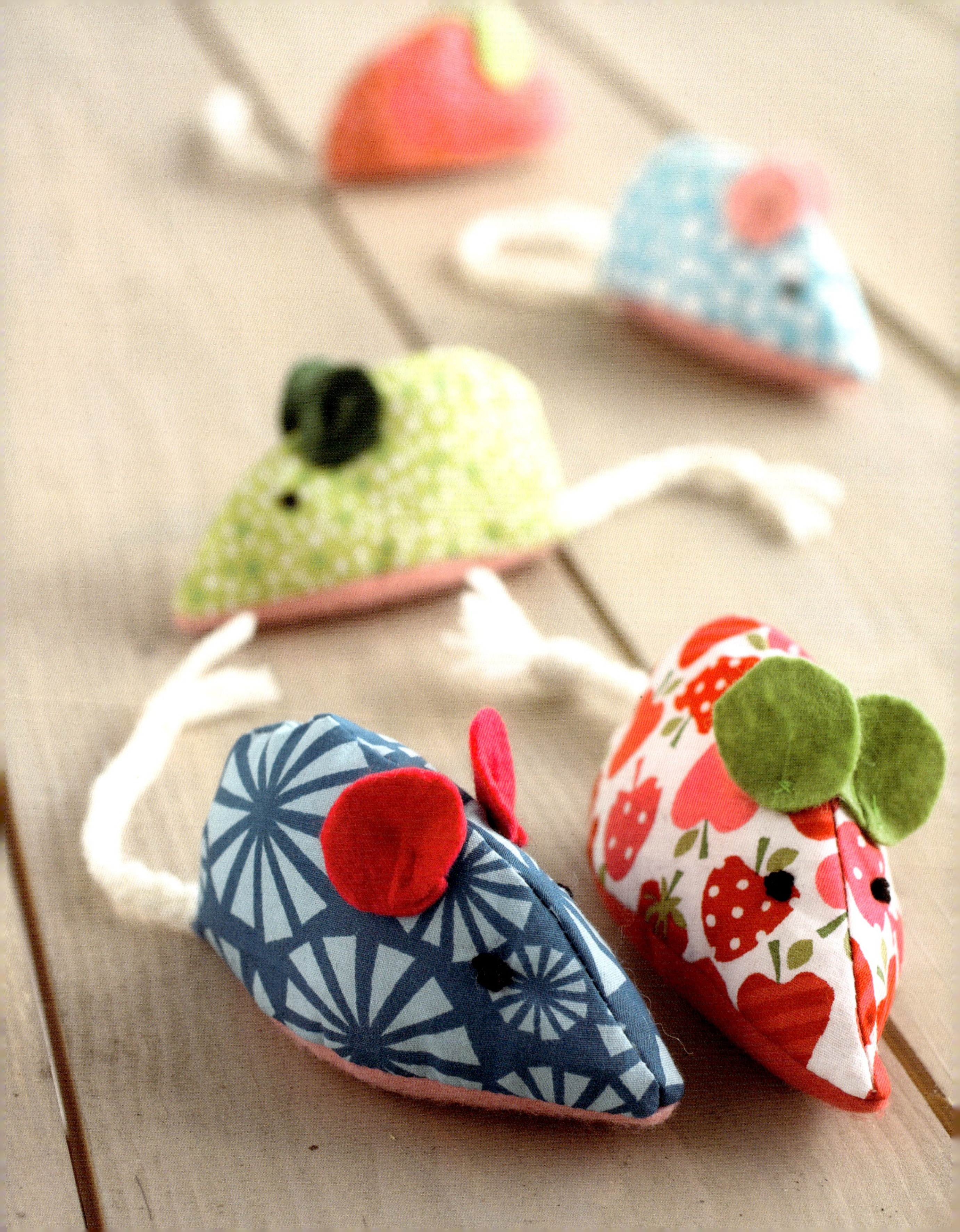

Para quem ama pets

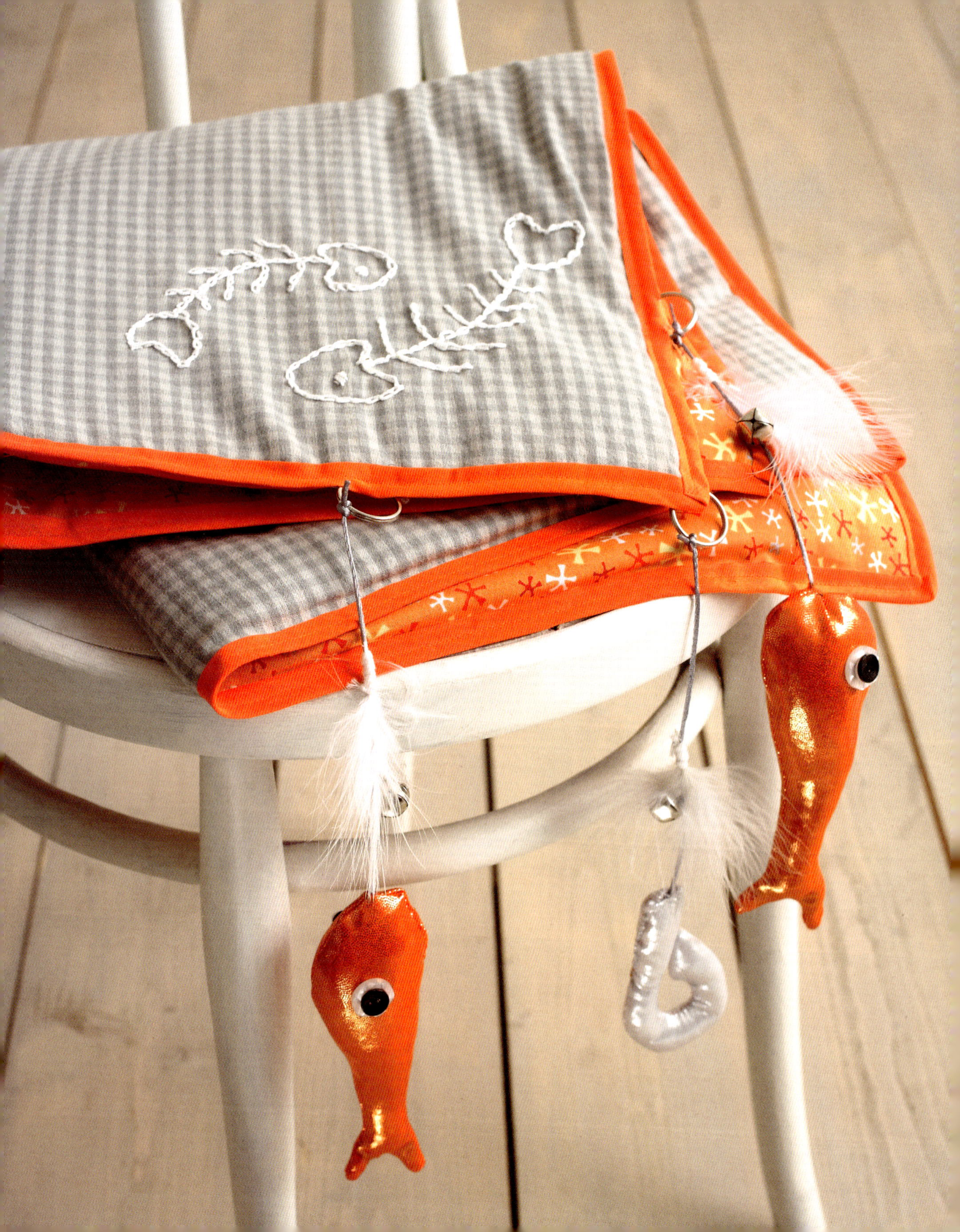

Tapete para brincar

Para quem ama pets

Esse mimo vai divertir o seu amigo felino. Pode ser usado para forrar a cestinha dele ou seu lugar preferido no sofá. Coloque erva do gato no enchimento dos brinquedos para agradá-lo ainda mais.

Você vai precisar de:

Utensílios: tesoura • alfinetes • máquina de costura • agulha para costura • bastidor para bordar • lápis *Materiais:* tecido metalizado laranja e prata • barbante fino • enchimento (plumante) • linhas de algodão para costurar • botões pretos e brancos • guizos • plumas • linha branca para bordar • enchimento • tecido de algodão estampado • tecido xadrez • viés laranja • argolas de metal

1

Utilize o molde (p. 233) para cortar os dois lados de cada peixe. Corte o tecido laranja dobrado, lado direito com lado direito. Prenda com alfinetes a ponta do barbante (20 cm) na boca do peixe.

2

Costure as bordas à máquina a 5 mm da beirada. Deixe uma abertura de 2 cm com o barbante passando por ela.

3

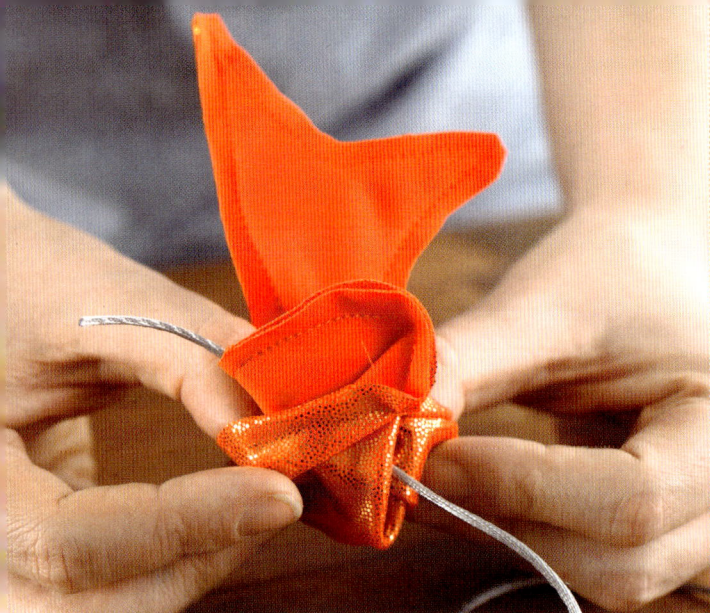

Vire o lado direito do peixe para fora. Ele ficará pendurado no barbante (a "linha de pesca") pela boca. Reforce a costura que o prende ao barbante.

4

Coloque o enchimento dentro do peixe e feche a abertura com linha da mesma cor, em ponto invisível. Faça o outro peixe e o anzol (com o tecido prata) da mesma maneira.

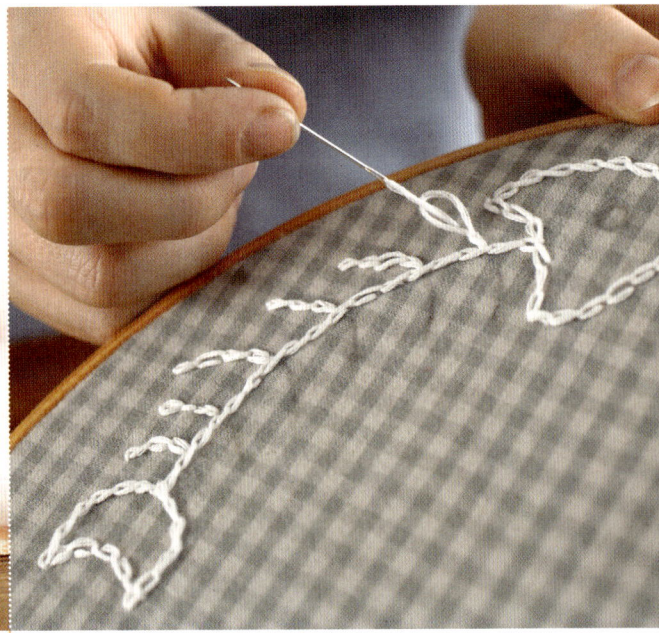

7

Corte 2 quadrados de 70 cm x 70 cm, um no tecido xadrez e outro no estampado. Corte um quadrado do enchimento com cada lado cerca de 3 mm menor que os de tecido.

8

Estique bem o tecido xadrez no bastidor. Trace o contorno do esqueleto de peixe (p. 233) a lápis. Borde sobre o desenho em ponto corrente, com linha branca.

5

Faça os olhos com botões brancos e pretos. Costure-os um de cada lado da cabeça dos peixes. Se preferir, borde os olhos.

6

Coloque acessórios na linha de pesca: amarre um guizo a cerca de 5 cm da boca do peixe; com linha para bordar, prenda uma pluma logo acima do guizo.

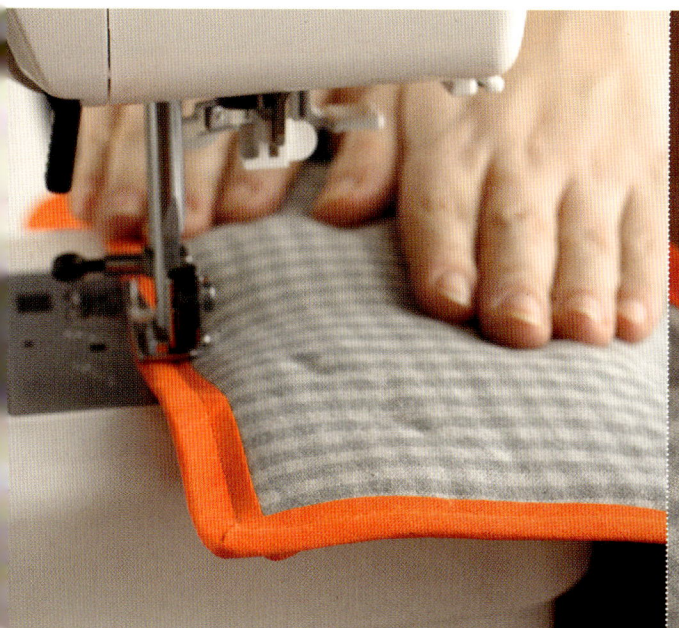

9

Arrume as 3 camadas de tecido com o enchimento no meio. Coloque o viés nas bordas, prenda tudo com alfinetes e costure unindo as partes.

10

Costure argolas de metal nos dois cantos e no meio de um dos lados do tapetinho. Amarre os peixes e o anzol com firmeza nas argolas.

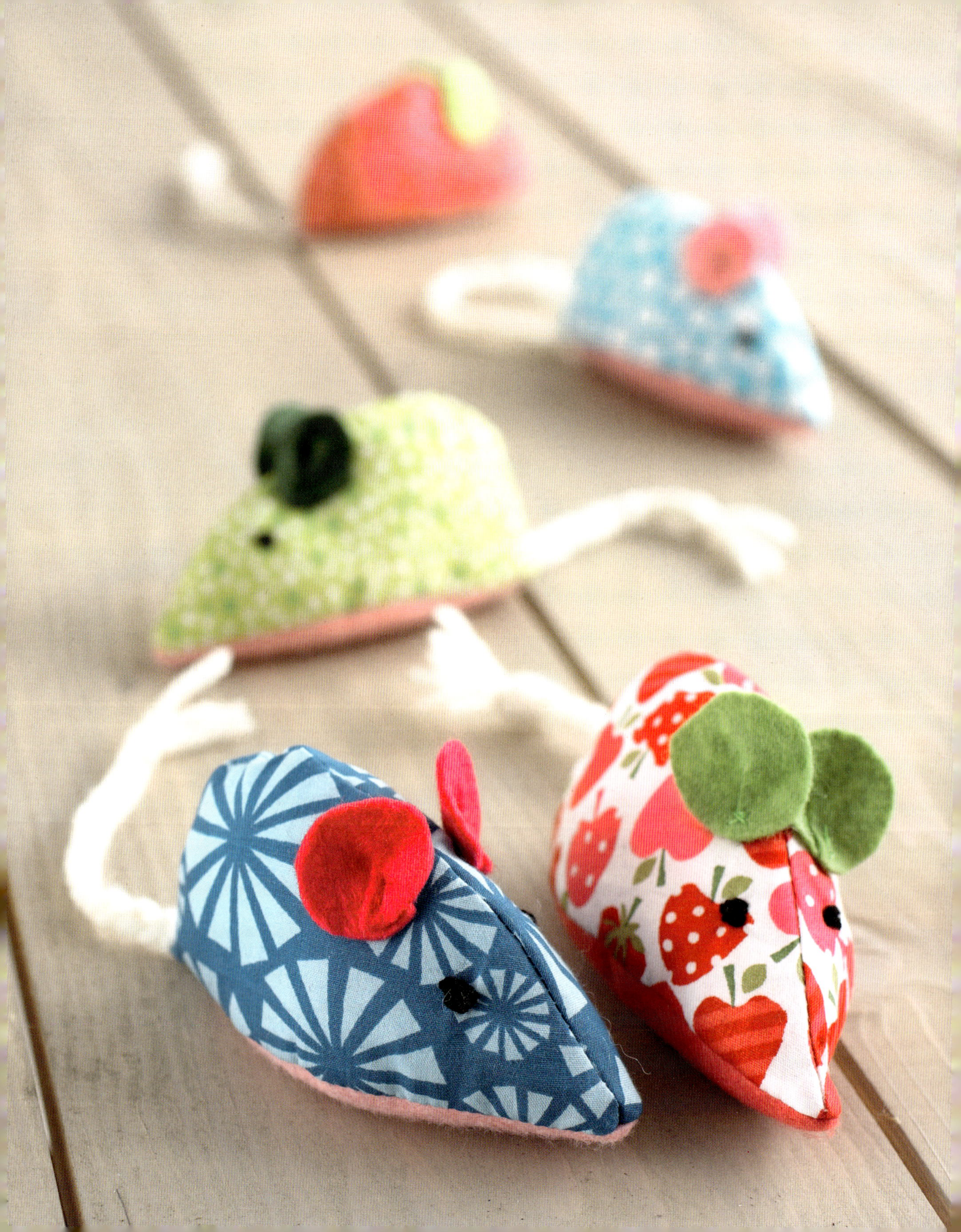

Ratinho de erva para gato

Para quem ama pets

Preenchido com erva do gato, que deve ser desidratada, esse presente estimula o instinto predador da maioria dos bichanos. Alegre e original, pode ser feito de retalhos de tecido ou algodão, mas você também pode utilizar lã ou couro.

Você vai precisar de:

Utensílios: tesoura para tecido • lápis • máquina de costura

Materiais: tecido de algodão • feltro em duas cores • 1 novelo de lã branca • enchimento • linha de algodão para costurar • erva do gato seca • linha preta para bordar

1
Utilize o molde (p. 231) para fazer os dois lados do rato. Corte dois pedaços de tecido juntos, lado direito com lado direito. Faça a base do corpo e as orelhas em cores contrastantes de feltro.

2
Corte três pedaços de lã com o triplo do comprimento que você deseja para a cauda do rato. Amarre as pontas em um lápis e faça uma trança – essa será a cauda do bichinho.

3

Prenda as duas partes do tecido com alfinetes, lado direito com lado direito. Comece a costurar a 8 mm da borda inferior. Costure a borda curva e pare a 8 mm do final.

4

Arremate as pontas e apare o excesso de tecido para evitar que o rato fique muito volumoso quando o desvirar.

7

Apare o excesso de tecido nas costuras e desvire o ratinho. Empurre o focinho para fora com o dedo (se necessário, puxe-o com uma agulha).

8

Encha o ratinho com o enchimento. Lembre-se de preencher bem o focinho. Quando estiver na metade, acrescente a erva do gato. Preencha até o final.

5

Monte o ratinho: prenda a base de feltro com alfinetes aos lados maiores do corpo. O lado direito de cada parte deve ficar para dentro, de frente para o feltro.

6

Comece a costurar pela parte de trás (um pouco levantada) do rato e continue por toda a borda. Pare a 2,5 cm do final.

9

Encaixe a cauda por dentro da costura e prenda com um alfinete. Feche a abertura e costure a cauda com pontos miúdos.

10

Dobre as pontas da orelha para curvá-la para dentro. Prenda-a com um alfinete e costure-a no rato. Faça o mesmo com a outra orelha. Borde os olhos com linha preta.

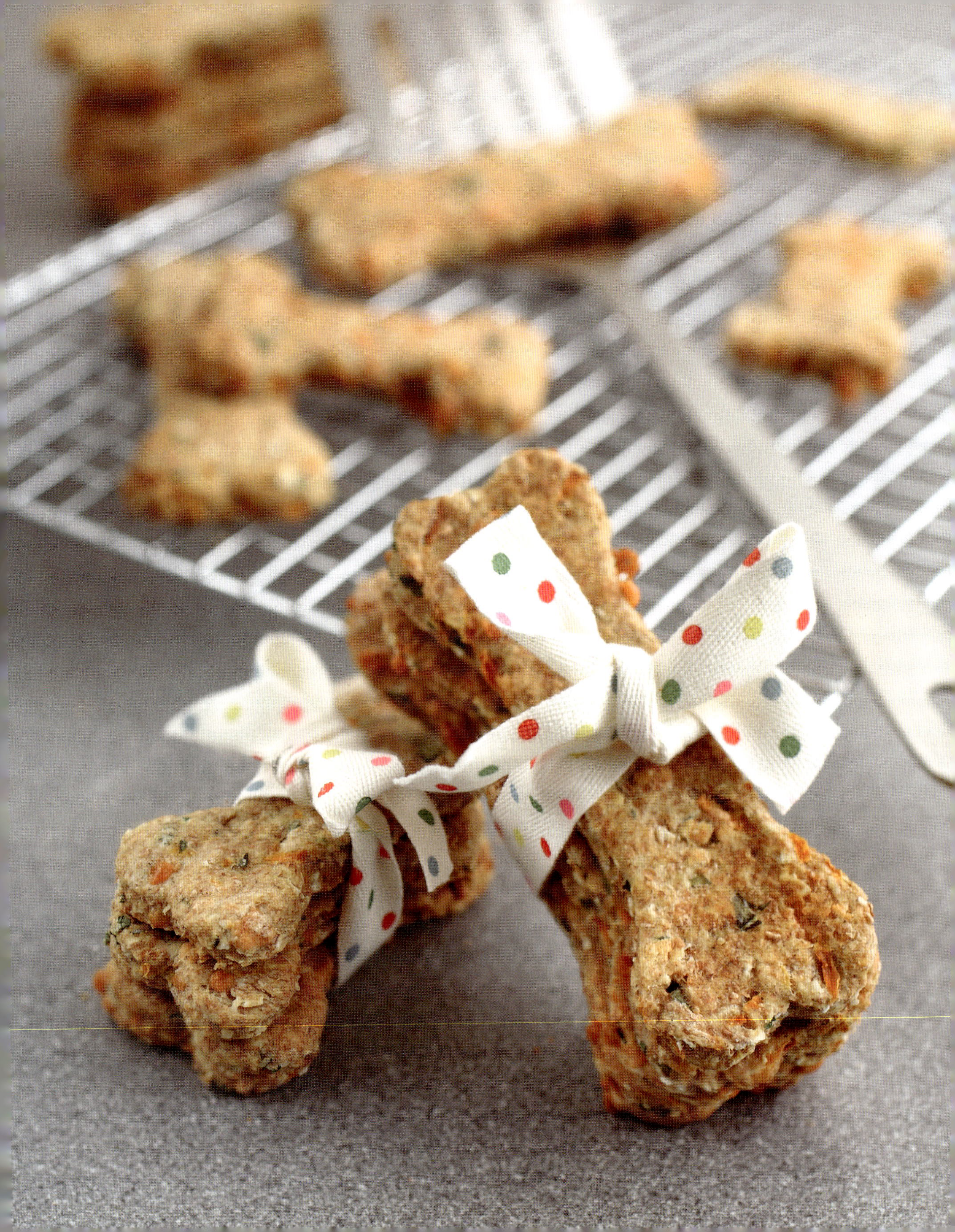

Biscoito para cachorro

Para quem ama pets

Essa delícia caseira fará sucesso entre os cães. Por ser muito calórica, limite a duas unidades por dia e certifique-se de que seu animal não tenha alergia a nenhum dos ingredientes.

Você vai precisar de:

Utensílios: assadeira • papel-manteiga • 2 vasilhas • colher de sopa • faca • ralador • colher de pau • rolo de macarrão • cortador de biscoitos em formato de osso • grade *Ingredientes:* caldo de galinha • um punhado generoso de salsinha • 1 cenoura média • 75 g de queijo • 1 colher (sopa) de azeite • 240 g de farinha de trigo integral • 75 g de aveia • 1 colher (chá) de fermento

1 Aqueça o forno a 180°C. Unte uma assadeira e forre-a com papel-manteiga.

2 Prepare o caldo de galinha com o dobro da concentração indicada na embalagem e deixe esfriar. Utilize preferencialmente caldo caseiro.

3

Pique bem a salsinha. Rale a cenoura e o queijo.

4

Misture a salsinha, a cenoura e o queijo em uma vasilha. Adicione o azeite e misture bem.

7

Polvilhe a superfície de trabalho com farinha e abra a massa com o rolo de macarrão até obter a espessura desejada para os biscoitos.

8

Corte os biscoitos com o auxílio de um cortador ou faca. Junte os pedaços que sobraram, volte a abrir com o rolo de macarrão e corte mais biscoitos até usar toda a massa.

5
Coloque a farinha, a aveia e o fermento em outra vasilha e misture bem.

6
Junte o conteúdo das duas vasilhas e misture bem. Acrescente o caldo de galinha, uma colher de sopa por vez, até umedecer a mistura. Amasse com os dedos até obter uma massa homogênea.

9
Asse os biscoitos por 25-30 minutos ou até ficarem dourados. Coloque-os sobre uma grade e deixe esfriar.

Silhueta simples

Uma forma mais fácil ainda de criar um aplique do seu animal é recortar a silhueta do corpo em tecido. Faça uma cópia ampliada de uma foto do perfil do animal para gerar o molde. O modelo para o aplique floral do filhote ao lado está na p. 231.

Retrato em aplique

Para quem ama pets

Desenhe um animal querido com a técnica do aplique. Você pode decorar uma almofada ou até emoldurar e pendurar. Utilize o molde sugerido ou crie a partir de uma foto.

Você vai precisar de:

Utensílios: ferro de passar • tesoura para tecido • agulha para costurar • alfinetes • máquina de costura

Materiais: entretela termocolante • tecido preto, cinza e branco • capa para almofada • linha de algodão em cor contrastante para alinhavar • feltro azul, cor-de-rosa e preto • linha de algodão preta e branca para costurar

1
Amplie o molde (p. 230) conforme o tamanho da almofada. Trace o contorno da cabeça na entretela e passe-a a ferro sobre o avesso do tecido.

2
Faça o mesmo com os moldes das costas, do peito, das orelhas e do focinho. Recorte as peças. Não é necessário colar entretela nos olhos nem no focinho.

3

Remova com cuidado o papel das peças com entretela.

4

Monte a figura do gato sobre a capa da almofada. A cabeça deve cobrir parcialmente as costas e o peito. Passe a ferro.

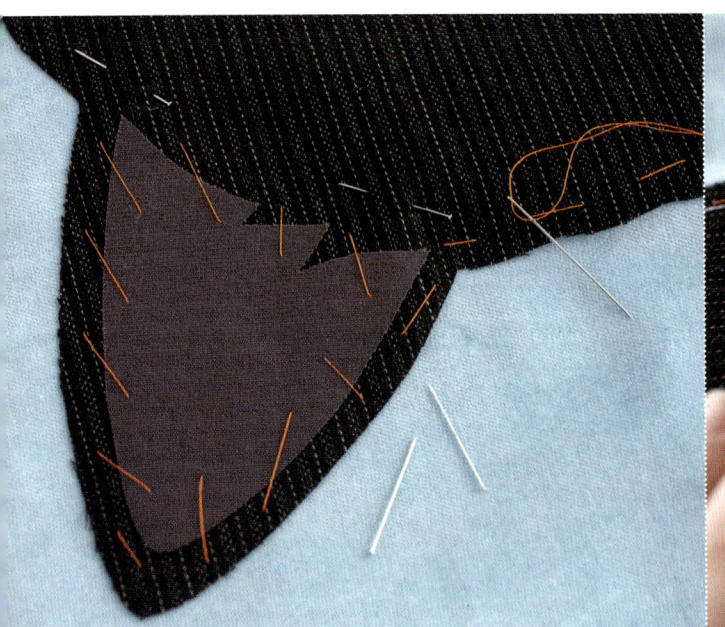

7

Prenda com alfinetes e depois alinhave as peças, exceto os olhos e o focinho, na capa da almofada. Retire os alfinetes.

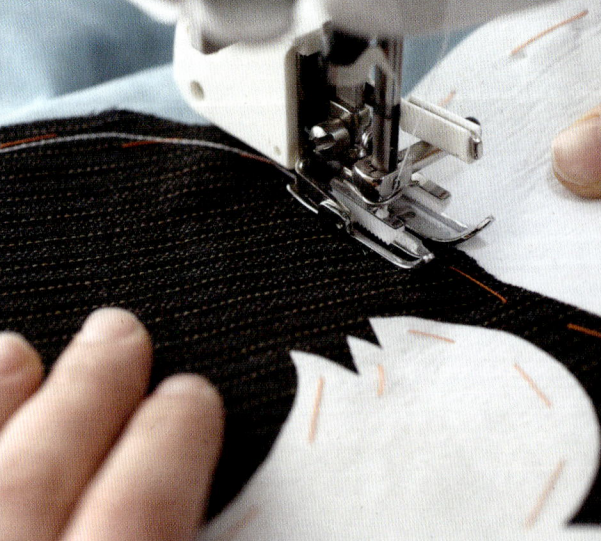

8

Costure as peças alinhavadas a cerca de 5 mm da borda (à mão ou à máquina). Retire os pontos alinhavados.

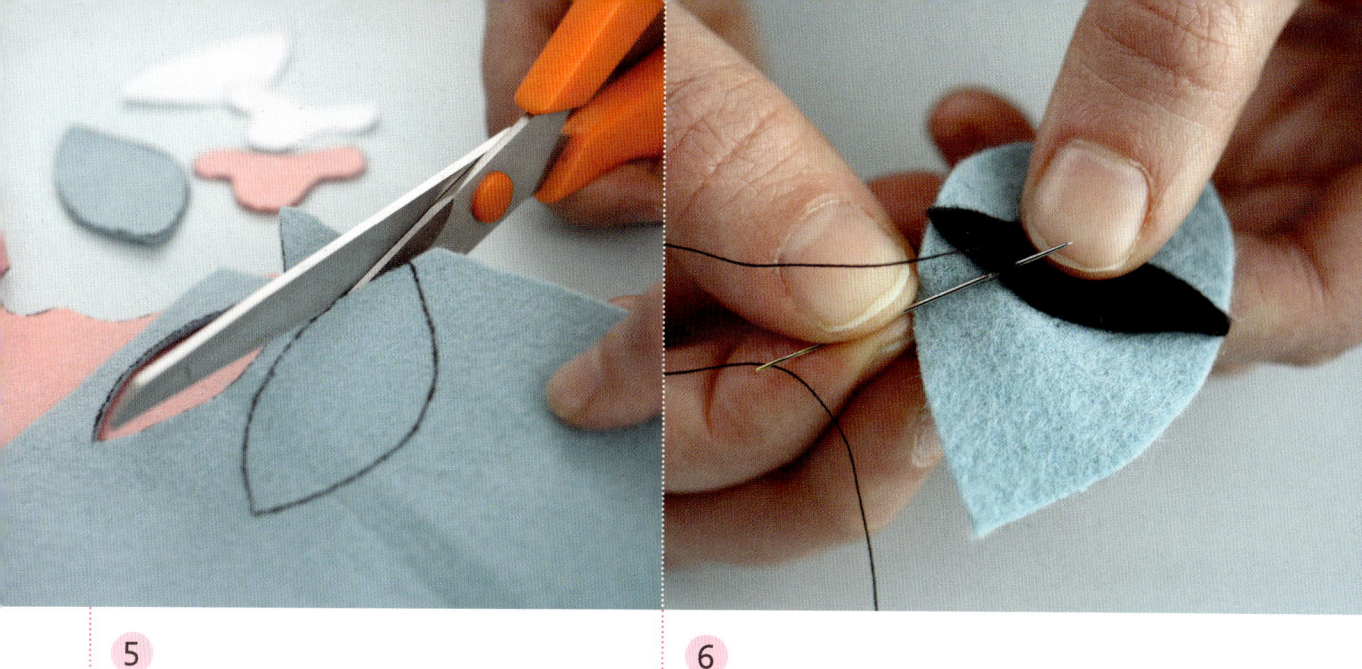

5

Trace o contorno dos olhos, focinho e pupilas no feltro. Recorte as peças.

6

Costure as pupilas sobre os olhos com linha preta e ponto atrás bem miúdo.

9

Alinhave os olhos e o focinho sobre a cabeça. Costure as bordas e retire o alinhavo.

10

Alinhave os bigode e os cílios do gato conforme a foto (p. 158). Costure sobre o alinhavo em ponto reto, com linha branca. Retire os pontos alinhavados.

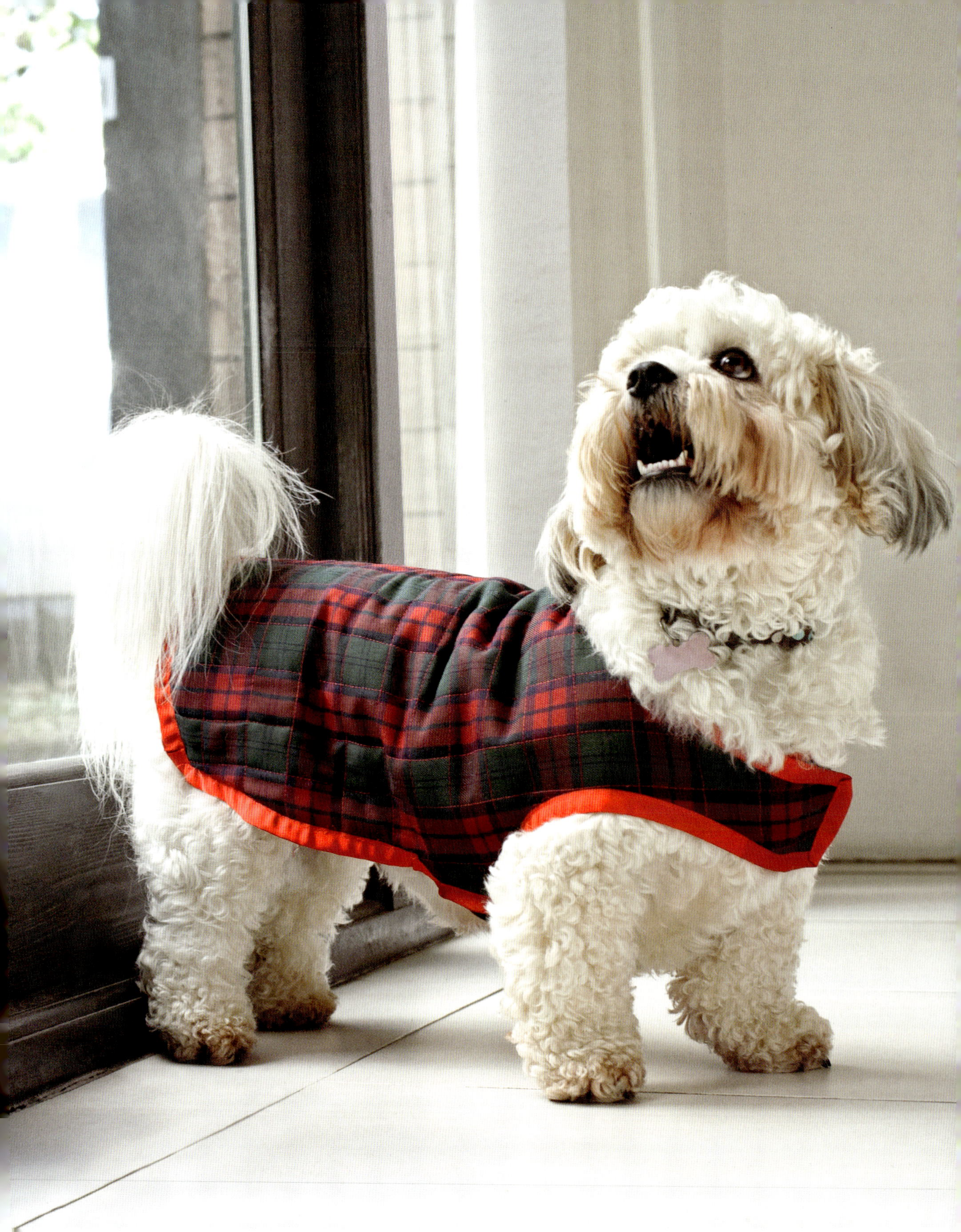

Casaco xadrez
para cachorro

Para quem ama pets

Essa peça vai aquecer seu pet nos dias mais frios. Forrada de soft, é charmosa e fácil de fazer. O fecho de Velcro® facilita na hora de colocar e tirar do animal. Amplie ou reduza o molde conforme o tamanho desejado.

Você vai precisar de:

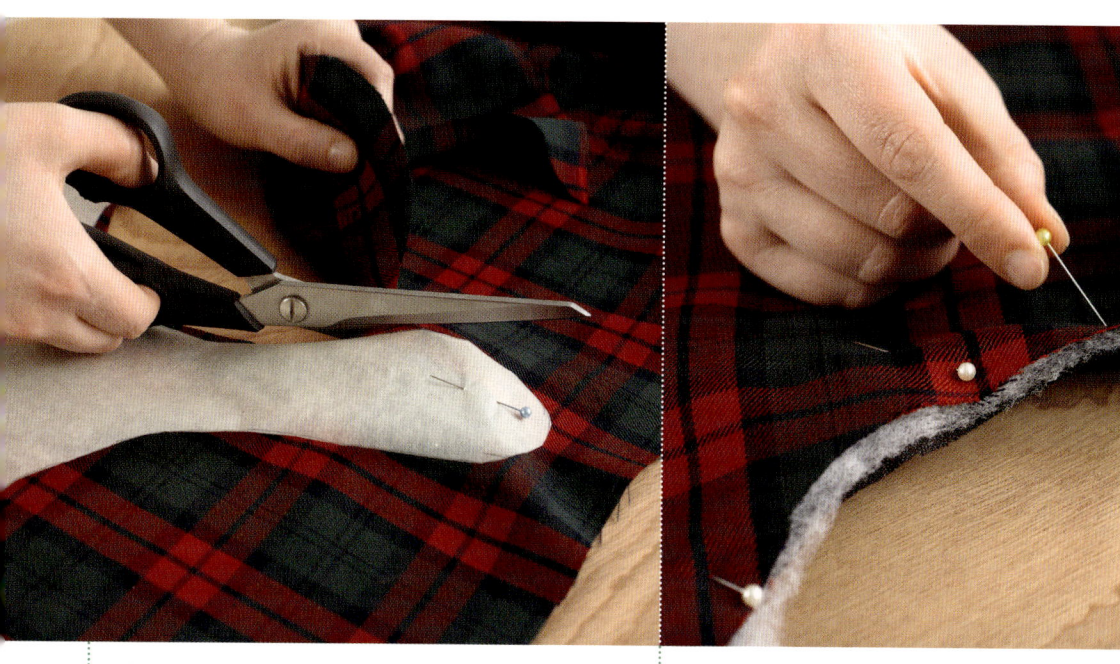

Utensílios: papel vegetal • tesoura para tecido • alfinetes • máquina de costura

Materiais: tecido xadrez • enchimento • entretela • soft • linha de algodão para costurar • Velcro® • fita de gorgorão vermelho

1
Ajuste o molde (pp. 234-5) para o tamanho do cachorro. Trace o desenho em papel vegetal. Corte uma peça da roupa e uma da faixa abdominal em cada tecido.

2
Coloque o tecido xadrez com o lado direito para cima, sobre o enchimento e a entretela. Prenda as três camadas com alfinetes.

3

Costure à máquina acompanhando o xadrez do tecido nas duas direções. A peça ficará acolchoada.

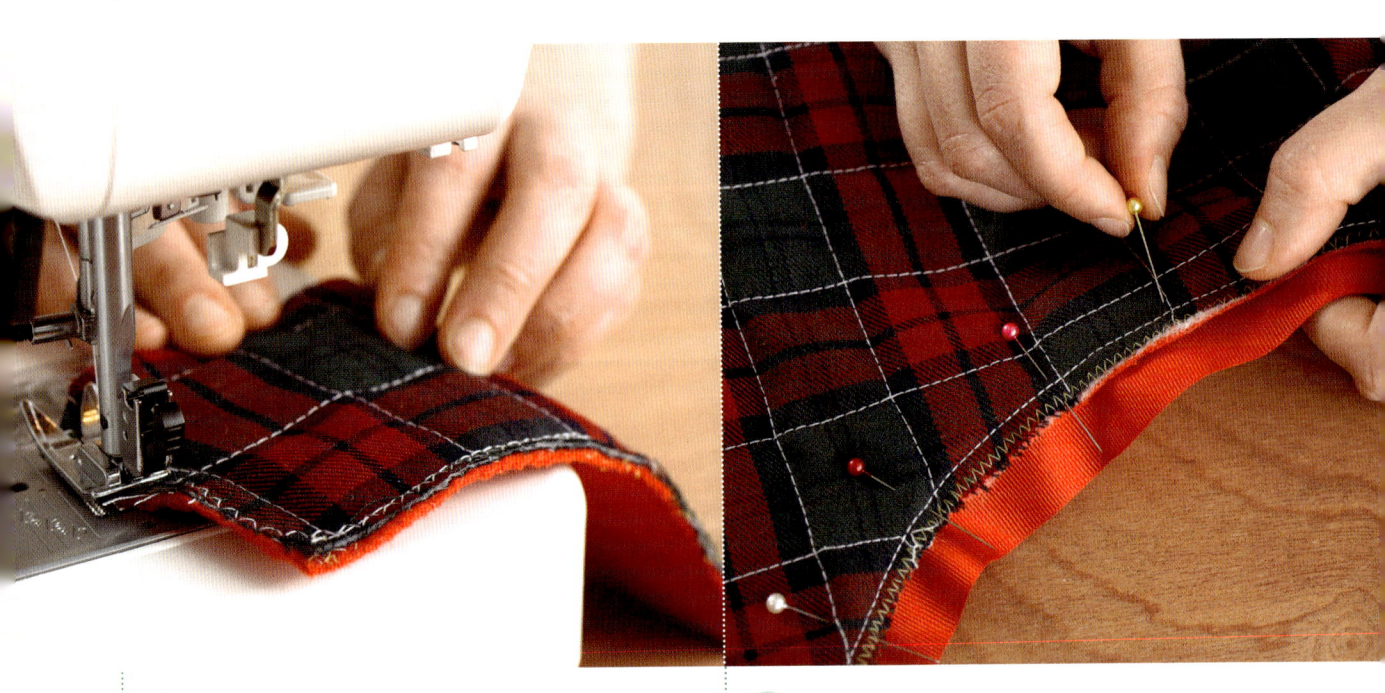

6

Costure à máquina ao redor da roupa, unindo a peça xadrez ao forro. Arremate os cantos com ponto zigue-zague ou overloque.

7

Prenda a fita de gorgorão à roupa com alfinetes, como na foto. Costure ao longo do gorgorão. Dobre a fita sobre a borda e costure novamente, dando acabamento à peça.

4

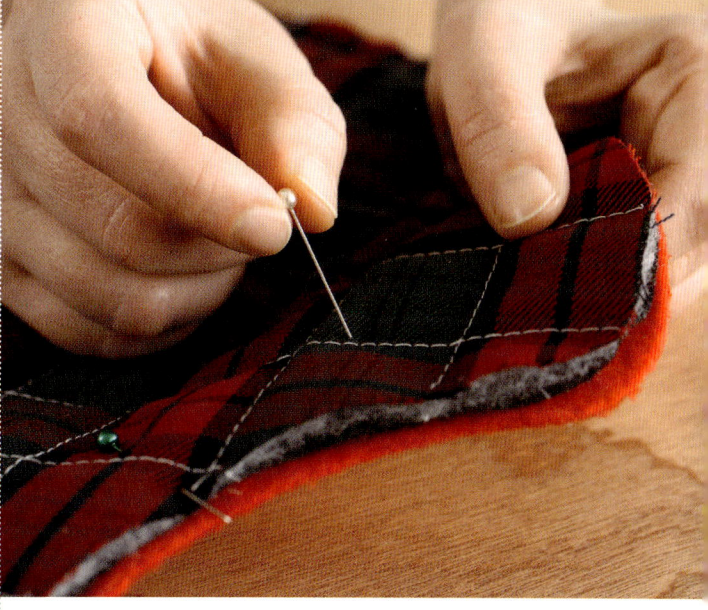

Prenda o Velcro® ao forro e à parte superior da peça acolchoada nos pontos indicados no molde. Costure o Velcro.

5

Una a peça acolchoada e o forro de soft com alfinetes, ambos com o lado direito para fora.

8

Monte a faixa abdominal seguindo os mesmos passos da peça maior. Posicione o Velcro na faixa, conforme indicado no molde. Prenda as duas peças com alfinetes e costure.

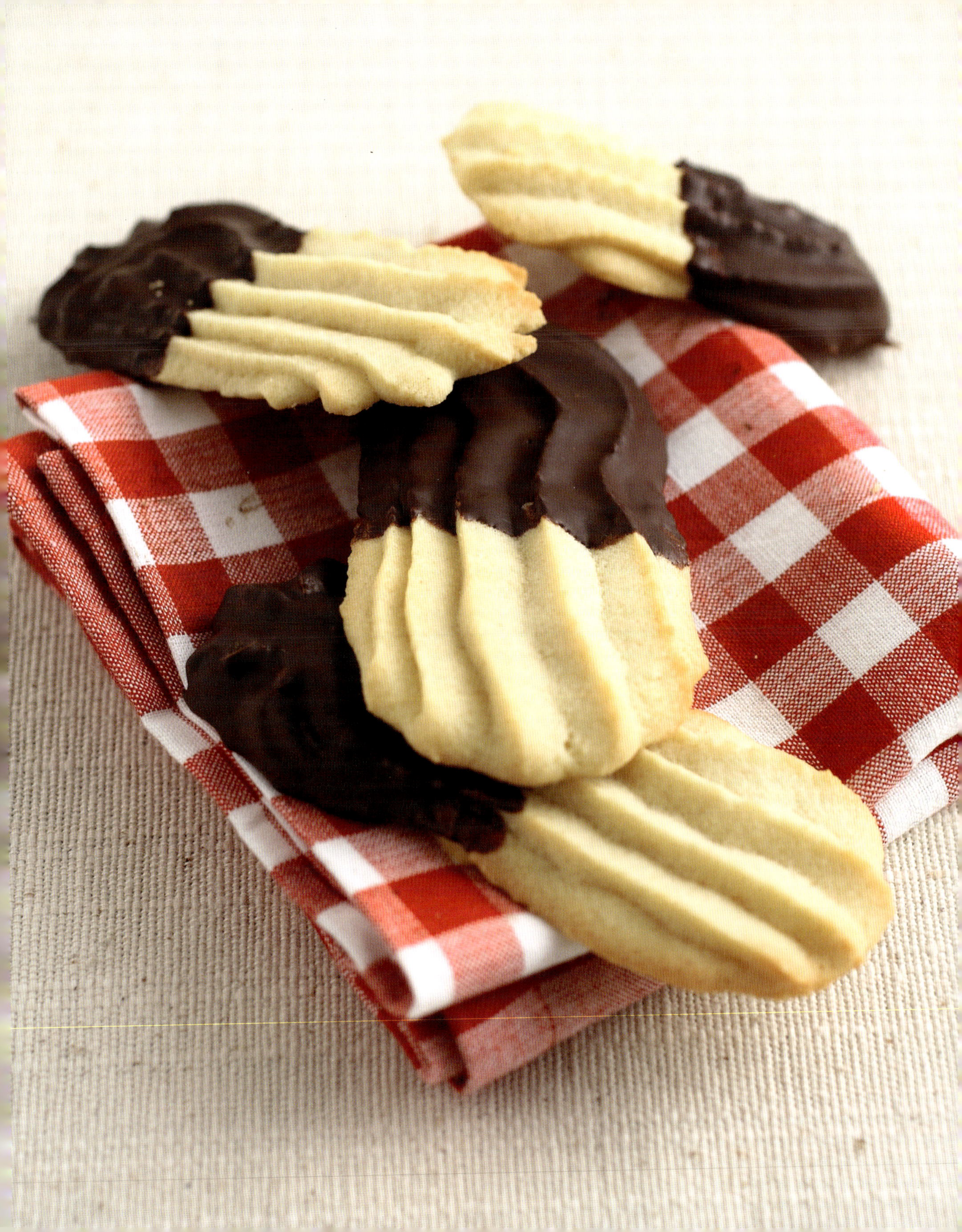

Delícias para saborear

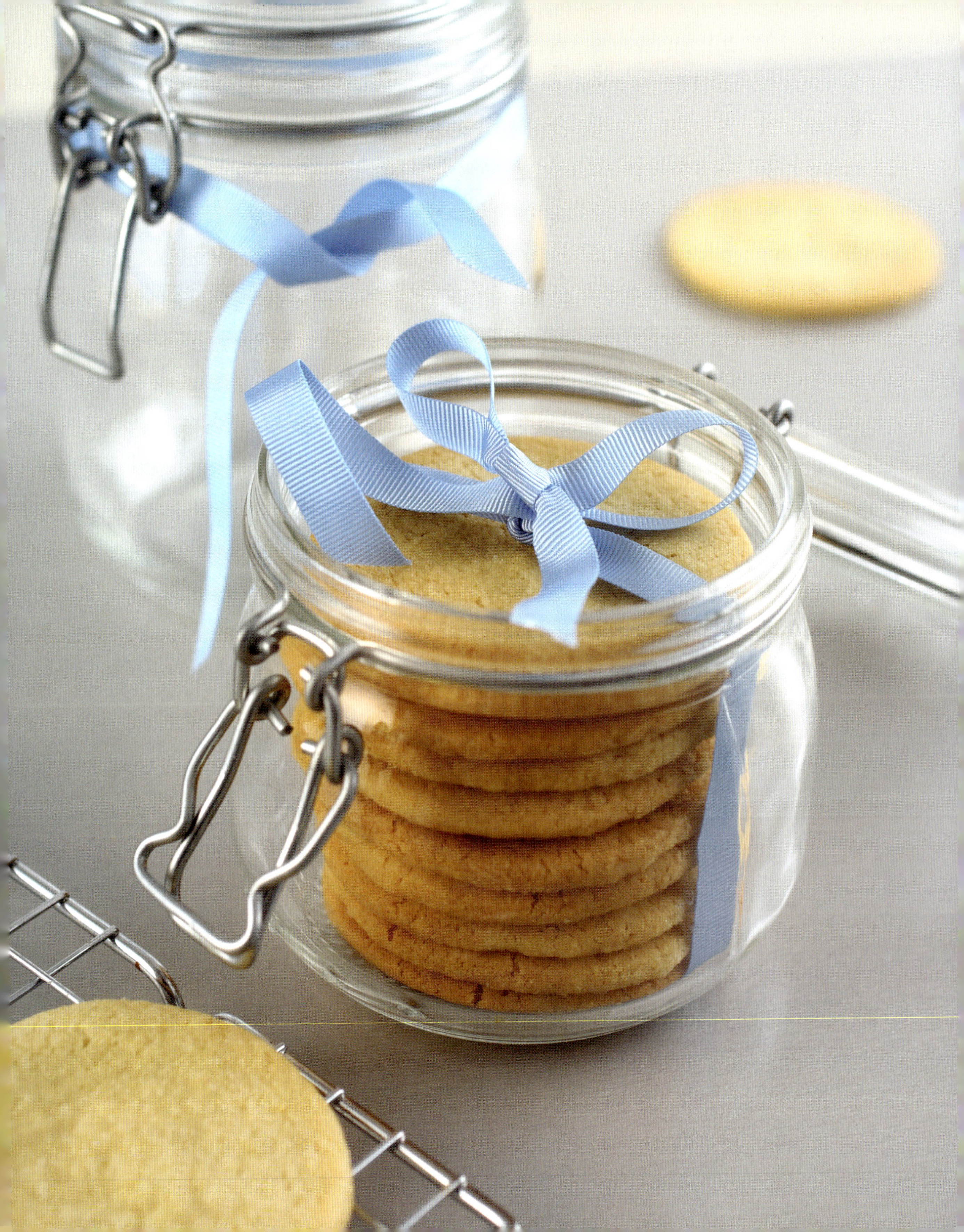

Biscoito amanteigado

Delícias para saborear

Um presente clássico de dar água na boca. Você também pode incrementá-lo com um toque gourmet (p. 172): faça uma cobertura ou acrescente à massa gotas de chocolate ou nozes picadas.

Você vai precisar de:

Utensílios: vasilha grande • colher de pau • rolo de macarrão • espátula • filme de PVC • cortador de biscoitos redondo • assadeira antiaderente • grade *Ingredientes:* 100 g de açúcar • 225 g de farinha de trigo peneirada, mais um pouco para polvilhar • 155 g de manteiga sem sal amolecida • 1 gema • 1 colher (chá) de extrato de baunilha

Rende 30 unidades

1
Preaqueça o forno a 180ºC. Coloque o açúcar, a farinha e a manteiga em uma vasilha grande ou em um processador de alimentos.

2
Misture os ingredientes ou bata na função pulsar no processador de alimentos até obter uma farofa.

3

Adicione a gema e a baunilha.
Amasse até a mistura obter liga.

6

Polvilhe com farinha a bola e a superfície de trabalho. Abra a massa com o rolo de macarrão até ficar com cerca de 5 mm de espessura. Manuseie com uma espátula para evitar que grude.

7

Caso a massa esteja muito grudenta para abrir com o rolo, envolva-a em filme de PVC e leve-a à geladeira por 15 minutos. Tente abri-la novamente.

4
Coloque a massa sobre uma superfície polvilhada com farinha e trabalhe-a com os dedos até ficar macia.

5
Amasse com as mãos até formar uma bola lisa.

8
Corte a massa com o cortador redondo.

9
Transfira os biscoitos para a assadeira com auxílio de uma espátula. Volte a abrir os retalhos da massa com 5 mm de espessura e corte mais biscoitos.

10

Leve ao forno, por 10-15 minutos, até os biscoitos ficarem com as bordas douradas. Retire-os do forno e aguarde até estarem firmes.

11

Transfira os biscoitos para uma grade e espere esfriar completamente. Guarde-os em pote hermético e consuma em até 5 dias.

Variações de biscoito amanteigado

Acrescente chocolate, uva-passa e frutas secas para fazer biscoitos incrementados. Divida a massa em três partes após a etapa 3. Adicione os ingredientes abaixo a cada uma delas, abra e corte a massa. Salpique com as nozes e mais pedaços de chocolate sobre os biscoitos. Asse conforme indicado na receita e deixe esfriar. Capriche na embalagem e o seu presente gourmet estará completo: utilize uma bela caixa ou lata forrada com papel de seda.

A. 1 colher (sopa) de pistache picado e 1 colher (sopa) de pedaços de chocolate branco

B. 2 colheres (sopa) de uva-passa e 2 colheres (sopa) de avelã picada

C. 3 colheres (sopa) de pedaços de chocolate meio amargo

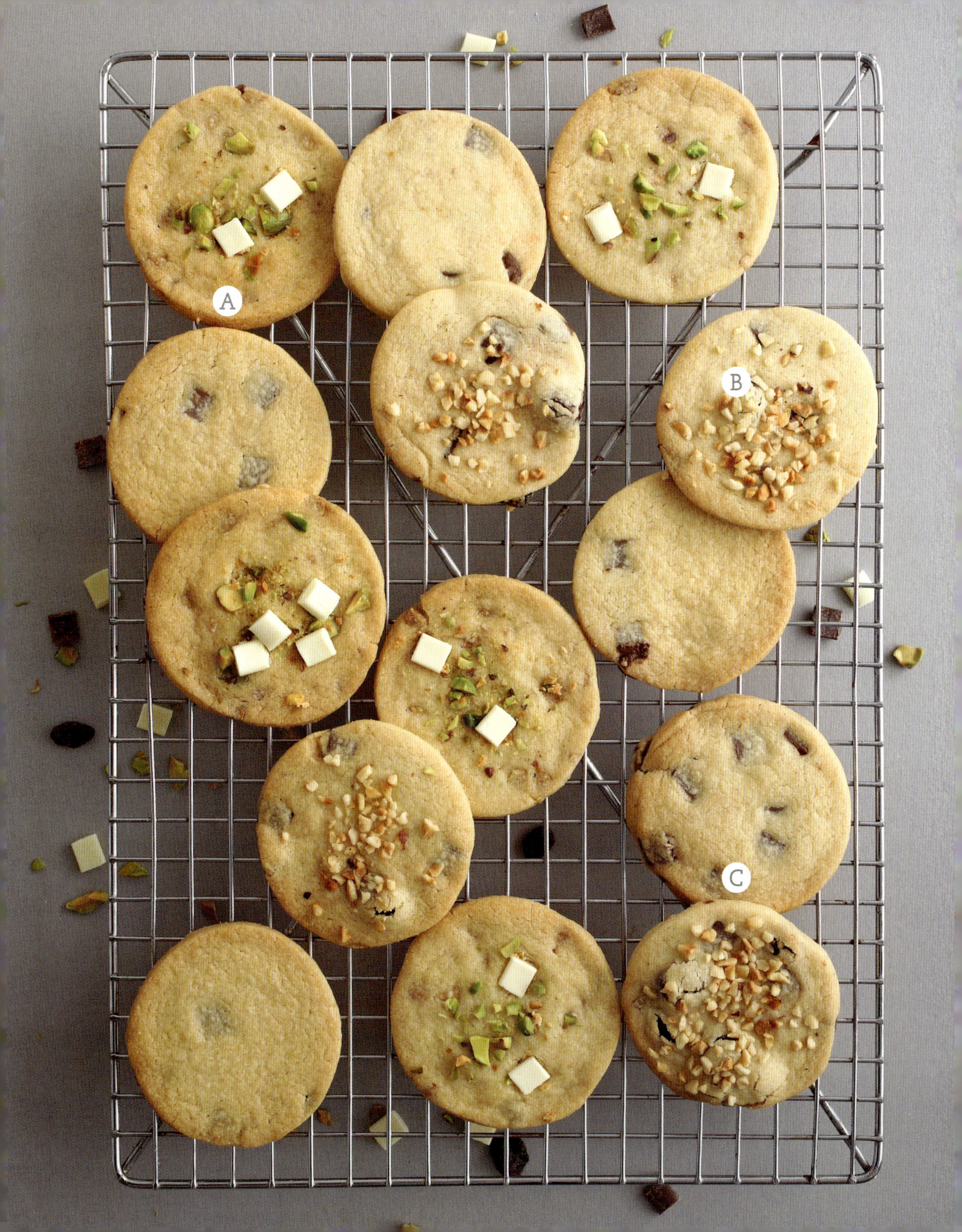
A
B
C

Shortbread

Tradicional biscoito escocês saboroso e crocante, pode ser cortado em fatias (o formato tradicional) ou como preferir. A manteiga garante a textura macia e delicada (que se esfarela com facilidade). A receita rende 8 biscoitos grandes.

Você vai precisar de:
155 g de manteiga sem sal amolecida, mais um pouco para untar
75 g de açúcar, mais um pouco para polvilhar
175 g de farinha de trigo
50 g de maisena

1. Unte uma fôrma redonda com fundo removível e forre-a com papel-manteiga.

2. Misture a manteiga com o açúcar em uma vasilha. Bata na batedeira por 2-3 minutos, até obter um creme bem leve.

3. Adicione a farinha e a maisena peneiradas e misture. Amasse com as mãos até formar uma massa uniforme e coloque-a na fôrma.

4. Pressione a massa com os dedos no fundo da fôrma. A superfície deve ficar lisa, com espessura uniforme. Marque-a com a ponta de uma faca afiada, dividindo-a em 8 fatias iguais. Perfure toda a extensão com um garfo e cubra com filme de PVC. Leve à geladeira por 1 hora.

5. Asse os biscoitos por 30-40 minutos em forno preaquecido a 160°C, até ficarem firmes e levemente dourados.

6. Marque novamente entre as fatias com a faca enquanto a massa ainda estiver morna. Polvilhe com açúcar e espere esfriar. Retire-os da fôrma com cuidado quando estiverem frios. Separe as fatias e sirva, ou guarde em pote hermético e consuma em até 5 dias.

Bonequinho de gengibre

Quem receber de presente esses simpáticos biscoitos certamente irá sorrir. É divertido criar o rosto, o cabelo e as roupas do bonequinho com uva-passa ou confeitos coloridos. A receita rende 16 bonecos (ou bonecas).

Você vai precisar de:
4 colheres (sopa) de melado
300 g de farinha de trigo, mais um pouco para polvilhar
1 colher (chá) de bicarbonato de sódio
1½ colher (chá) de gengibre moído
1½ colher (chá) de mix de especiarias em pó*
100 g de manteiga sem sal amolecida cortada em cubos
155 g de açúcar mascavo
1 ovo
uva-passa para decorar

* Use cravo, canela, gengibre e noz-moscada.

1. Preaqueça o forno a 190°C. Aqueça o melado até ficar líquido e espere esfriar.

2. Peneire a farinha, o bicarbonato de sódio e o mix de especiarias em uma vasilha. Junte a manteiga. Misture com os dedos até obter uma farofa. Adicione o açúcar e mexa bem com uma colher de pau.

3. Junte o ovo ao melado já frio e bata com um garfo até misturar bem. Faça uma cavidade na farinha e despeje o líquido. Misture até obter a consistência de massa.

4. Polvilhe a superfície de trabalho com um pouco de farinha e amasse a mistura até ficar macia. Abra a massa, deixando-a com 5 mm de espessura. Corte os bonecos com o cortador. Distribua-os em assadeiras antiaderentes. Volte a misturar os retalhos da massa, abra e corte mais bonecos. Para decorar, faça os olhos, o nariz e os botões com as uvas-passas.

5. Asse por 10-15 minutos, até dourar. Deixe esfriar sobre uma grade. Guarde em um pote hermético e consuma em até 3 dias.

Petit-four alemão

Variação do biscoito amanteigado, essa delicada tentação com chocolate veio da Alemanha, onde é uma tradição natalina. Mas você pode oferecê-lo de presente em qualquer época do ano. A receita rende 45 biscoitos.

Você vai precisar de:
380 g de manteiga amolecida
250 g de açúcar
algumas gotas de extrato de baunilha
1 pitada de sal
500 g de farinha de trigo peneirada
125 g de amêndoa moída
2 gemas, se necessário
100 g de chocolate meio amargo

Utensílio adicional:
saco de confeitar com bico crespo

1. Aqueça o forno a 180°C. Forre duas ou três assadeiras com papel-manteiga. Bata a manteiga em uma vasilha até ficar lisa. Adicione o açúcar, a baunilha e o sal. Mexa até o açúcar se dissolver e a mistura engrossar. Misture aos poucos dois terços da farinha.

2. Junte o restante da farinha e a amêndoa. Amasse com os dedos. Coloque a massa no saco de confeitar e faça biscoitos de 7,5 cm sobre as assadeiras. Se a massa estiver muito dura, amoleça-a adicionando 2 gemas.

3. Asse os biscoitos por 12 minutos ou até ficarem dourados e transfira-os para uma grade. Derreta o chocolate em banho-maria. Mergulhe a ponta de cada biscoito no chocolate e deixe esfriar sobre a grade. Guarde em pote hermético e consuma em até 3 dias.

Dica: se a massa continuar dura mesmo com as gemas, adicione leite, uma colher de sopa por vez, até amolecer o suficiente para colocar no saco de confeitar.

Biscoito crocante de laranja

As raspas da fruta cítrica dão ao biscoito um toque refrescante. Se quiser um sabor ainda mais intenso, decore essa delícia com glacê de laranja. A receita rende 20-24 biscoitos.

Você vai precisar de:
125 g de farinha de trigo com fermento
60 g de manteiga sem sal cortada em cubos, mais um pouco para untar
60 g de açúcar mascavo
1 colher (chá) de raspa de laranja
1 colher (sopa) de mel
½ gema batida

Para o glacê
250 g de açúcar de confeiteiro peneirado
3 colheres (sopa) de suco de laranja espremido na hora

Utensílio adicional:
saco de confeitar com bico liso

1. Misture a farinha peneirada e a manteiga e amasse com as pontas dos dedos até a mistura ficar esfarelada. Junte o açúcar, as raspas de laranja, o mel e a gema e mexa com uma colher até a massa começar a ficar consistente.

2. Amasse com as mãos até formar uma bola lisa. Polvilhe com farinha a superfície de trabalho. Modele a massa em forma de cilindro com aproximadamente 5 cm de diâmetro e 10 cm de comprimento. Embrulhe o cilindro em filme de PVC e leve à geladeira por 1h30 ou até estar firme.

3. Aqueça o forno a 180ºC. Unte duas assadeiras com manteiga. Corte o cilindro em 20-24 fatias finas e coloque os biscoitos nas assadeiras. Asse por 7-9 minutos.

4. Retire os biscoitos do forno e espere até esfriarem e ficarem firmes. Bata o açúcar de confeiteiro com o suco de laranja para formar um glacê macio. Transfira os biscoitos para uma grade. Coloque o glacê no saco de confeitar e aperte para fazer um zigue-zague sobre cada biscoito. Guarde em um pote hermético e consuma em até 7 dias.

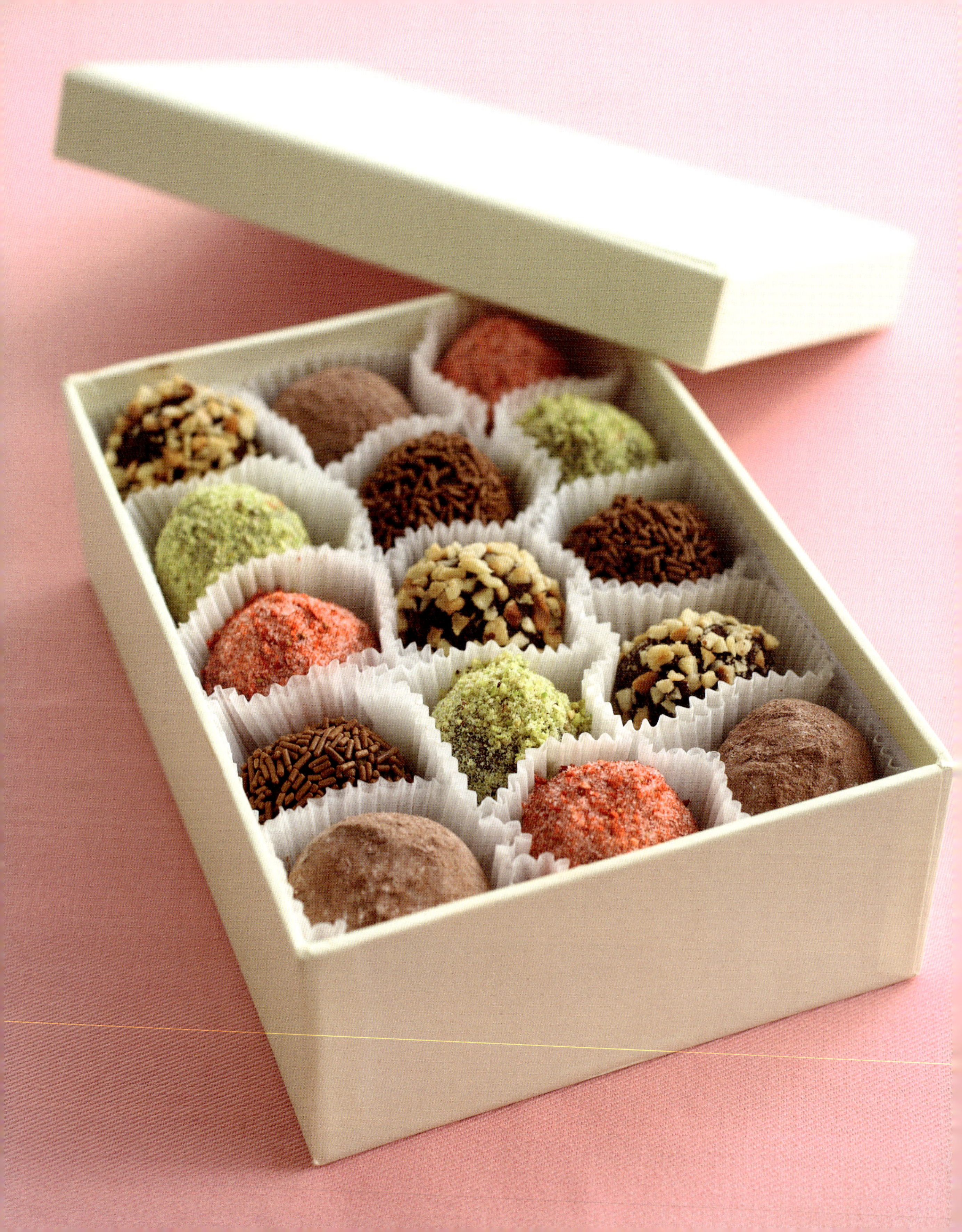

Bombom trufado

Delícias para saborear

Esse quitute parece tão refinado que você se surpreenderá como é fácil de fazer. Utilize a cobertura clássica, de chocolate em pó com açúcar, ou escolha outras texturas (p. 181). Uma caixa completa é um presente simplesmente irresistível!

Você vai precisar de:

Utensílios: panela • vasilha • batedor • colher de chá • bandeja • papel-manteiga • peneira • prato

Ingredientes: 125 ml de creme de leite fresco • 2 colheres (sopa) de rum ou conhaque • 250 g de chocolate ao leite ou branco derretido • 40 g de chocolate em pó • 20 g de açúcar de confeiteiro

Rende 30 unidades

1
Ferva o creme de leite para esterilizá-lo e espere esfriar. Assim que estiver morno, despeje o rum ou conhaque e misture ao chocolate derretido, já frio.

2
Bata a mistura até obter um creme bem leve. Leve à geladeira por 2-3 horas, até firmar o suficiente para fazer as bolinhas.

3

Modele as trufas com as mãos (com a colher de chá, meça a quantidade de mistura suficiente para fazer cada bolinha). Coloque-as sobre uma bandeja forrada com papel-manteiga, sem deixar que encostem umas nas outras. Leve à geladeira por 1 hora, até as trufas ficarem firmes.

4

Faça a cobertura: peneire o chocolate em pó com o açúcar de confeiteiro.

5

Deslize levemente as trufas geladas na palma das mãos para amolecer um pouco a superfície. Passe-as sobre a cobertura.

Opções de cobertura

Para criar uma caixa de trufas coloridas, divida-as em cinco grupos com cerca de seis bombons cada um. Aqueça a superfície de cada trufa com a palma das mãos. Passe o primeiro grupo sobre 2 colheres (chá) de chocolate em pó e 1 colher (chá) de açúcar de confeiteiro e cada um dos outros sobre as coberturas abaixo:

A. 2 colheres (sopa) de pistache bem picado

B. 2 colheres (sopa) de chocolate granulado

C. 2 colheres (sopa) de morango desidratado moído e misturado com açúcar de confeiteiro

D. 2 colheres (sopa) de avelã bem picada

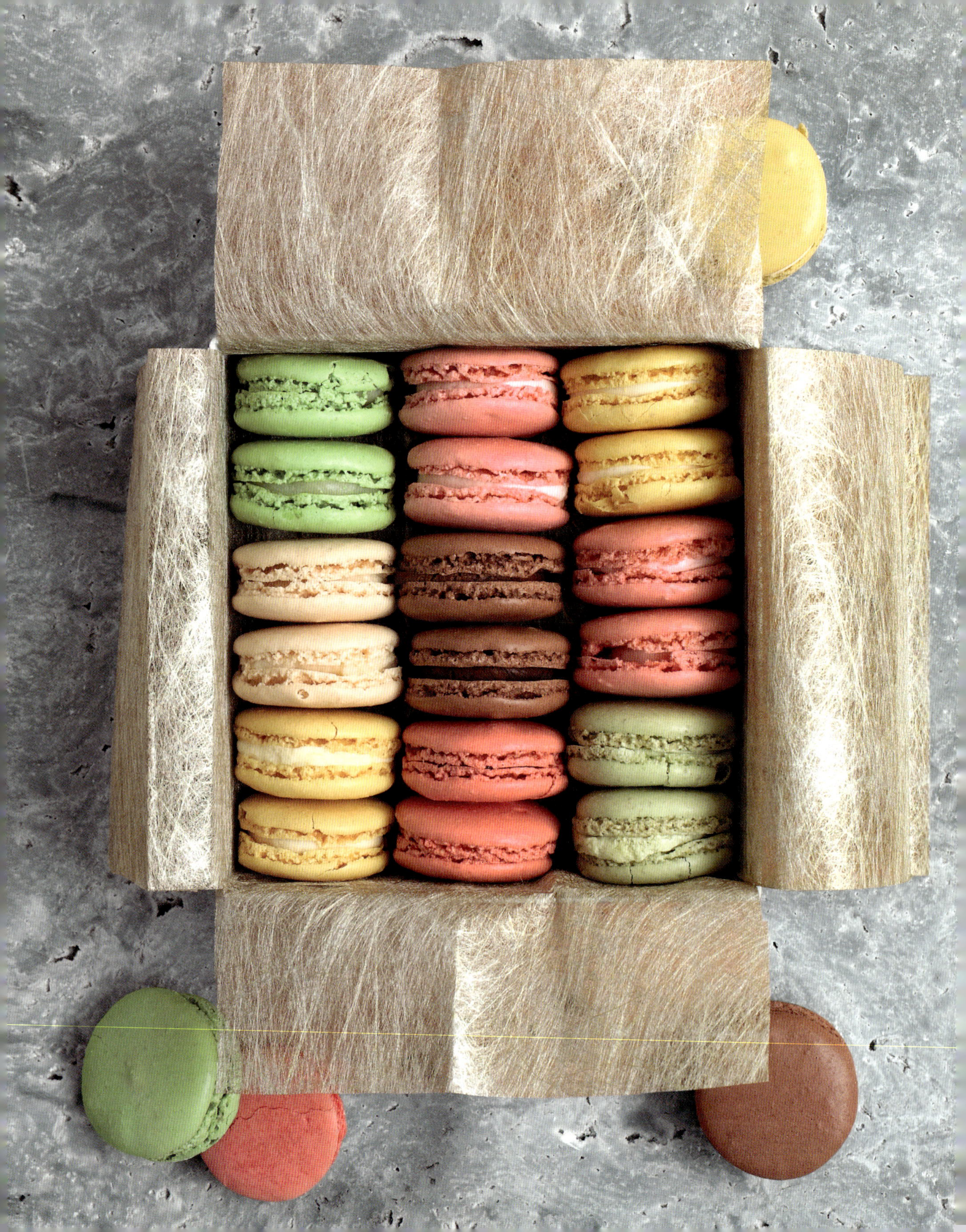

Macaron colorido

Delícias para saborear

Leve, delicado e colorido, é um presente muito chique. Para criar uma caixa com cores variadas, divida a massa em partes e adicione um corante diferente a cada uma. Por causa do creme de leite fresco, é preciso armazenar na geladeira.

Você vai precisar de:

Utensílios: 2 assadeiras • papel-manteiga • 2 vasilhas grandes • batedeira de mão • saco de confeitar • grade • espátula *Ingredientes:* 2 claras de ovo em temperatura ambiente • 75 g de açúcar cristal • 50 g de amêndoa picada • 100 g de açúcar de confeiteiro • corante alimentício cor-de-rosa • 200 ml de creme de leite fresco

Rende 20 unidades

1 Aqueça o forno a 150ºC. Forre 2 assadeiras com papel-manteiga. Trace 20 círculos de 3 cm de diâmetro, com espaços entre eles. Vire o papel ao avesso.

2 Bata as claras em neve em uma vasilha grande.

3
Adicione o açúcar cristal aos poucos e continue batendo. O suspiro deve ficar bem firme.

4
Junte a amêndoa ao açúcar de confeiteiro. Acrescente ao suspiro, uma colher por vez, e misture bem.

7
Coloque as assadeiras na parte central do forno e asse por 18-20 minutos, até a superfície ficar firme. Espere 15-20 minutos e transfira os macarons para uma grade para esfriar.

8
Faça o recheio: acrescente um pouco de corante ao creme de leite. Bata para engrossar e uniformizar a cor.

5

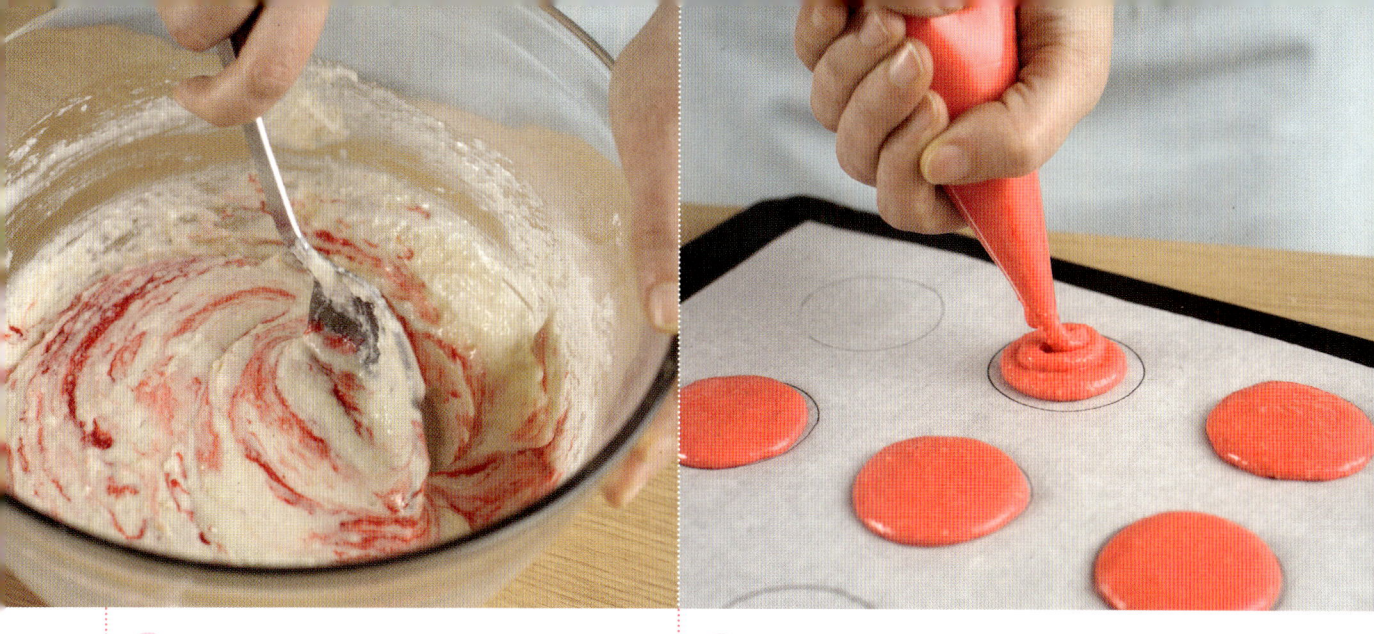

Adicione algumas gotas de corante cor-de-rosa e misture levemente.

6

Coloque a massa do macaron no saco de confeitar. Despeje a mistura no centro de cada círculo do papel-manteiga. A massa irá se espalhar, formando discos bem redondos.

9

Espalhe um pouco do recheio no centro do disco. Cubra com outro disco e pressione levemente para fixar as duas metades. Sirva os macarons imediatamente.

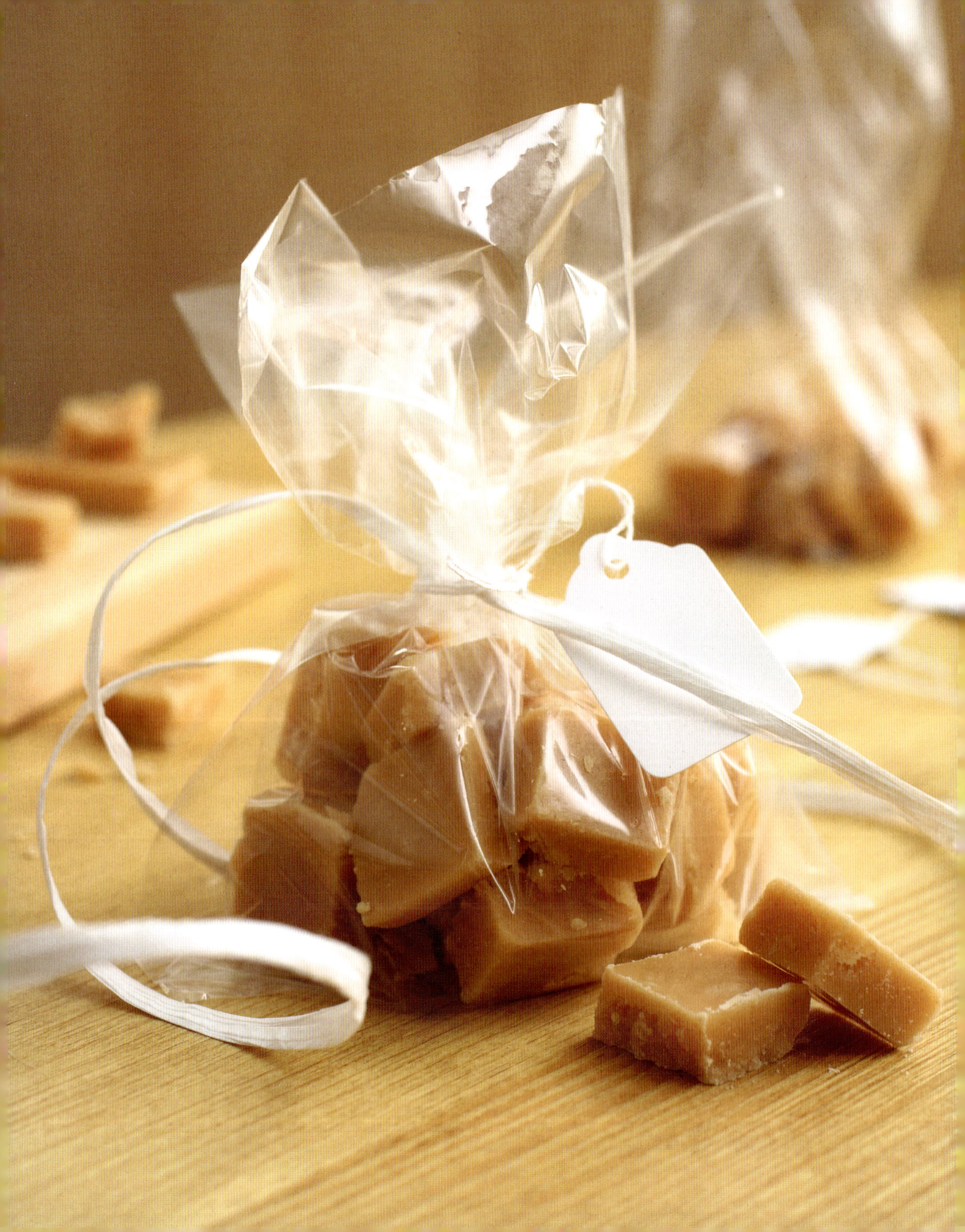

Caramelo macio

Delícias para saborear

Transforme sua cozinha em uma fábrica de doces com essa receita rápida e deliciosa. Se quiser incrementá-la, adicione nozes, castanha, uva-passa ou gotas de chocolate (p. 189).

Você vai precisar de:

Utensílios: fôrma antiaderente rasa e quadrada (18 cm x 18 cm) • panela média de fundo espesso • termômetro de cozinha • colher de pau • faca *Ingredientes:* 450 g de açúcar • 50 g de manteiga sem sal cortada em pedaços • 170 ml de leite evaporado (p. 189) • 150 ml de leite • ½ colher (chá) de extrato de baunilha

Rende 36 unidades

1
Unte a fôrma antiaderente.

2
Coloque o açúcar, a manteiga, o leite evaporado e o leite na panela.

3

Misture em fogo baixo com a colher de pau até dissolver todo o açúcar. Leve à fervura e cozinhe por 20-25 minutos.

4

Observe a temperatura da mistura com auxílio do termômetro de cozinha. Assim que atingir 116°C, retire do fogo e acrescente o extrato de baunilha.

5

Bata a mistura com a colher de pau até ficar espessa e um pouco mais clara. Despeje na fôrma untada e deixe esfriar.

6

Retire o caramelo da fôrma, depois de frio, e corte em quadrados.

Mais sabores de caramelo

Crie variações da receita de caramelo acrescentando uva-passa, nozes, chocolate ou até marshmallow à mistura antes de despejá-la na fôrma (etapa 5). Veja algumas sugestões para inspirar a sua escolha de ingredientes.

A. 75 g de uva-passa picada

B. 155 g de chocolate branco cortado em pedaços

C. 60 g de castanha-de-caju misturado com 40 g de uva-passa

D. 75 g de pecã picada

Leite evaporado:

1 xícara (chá) leite em pó integral
½ xícara (chá) água

Dissolva o leite em pó na água e cozinhe em fogo brando, mexendo sem parar, até que se reduza pela metade.

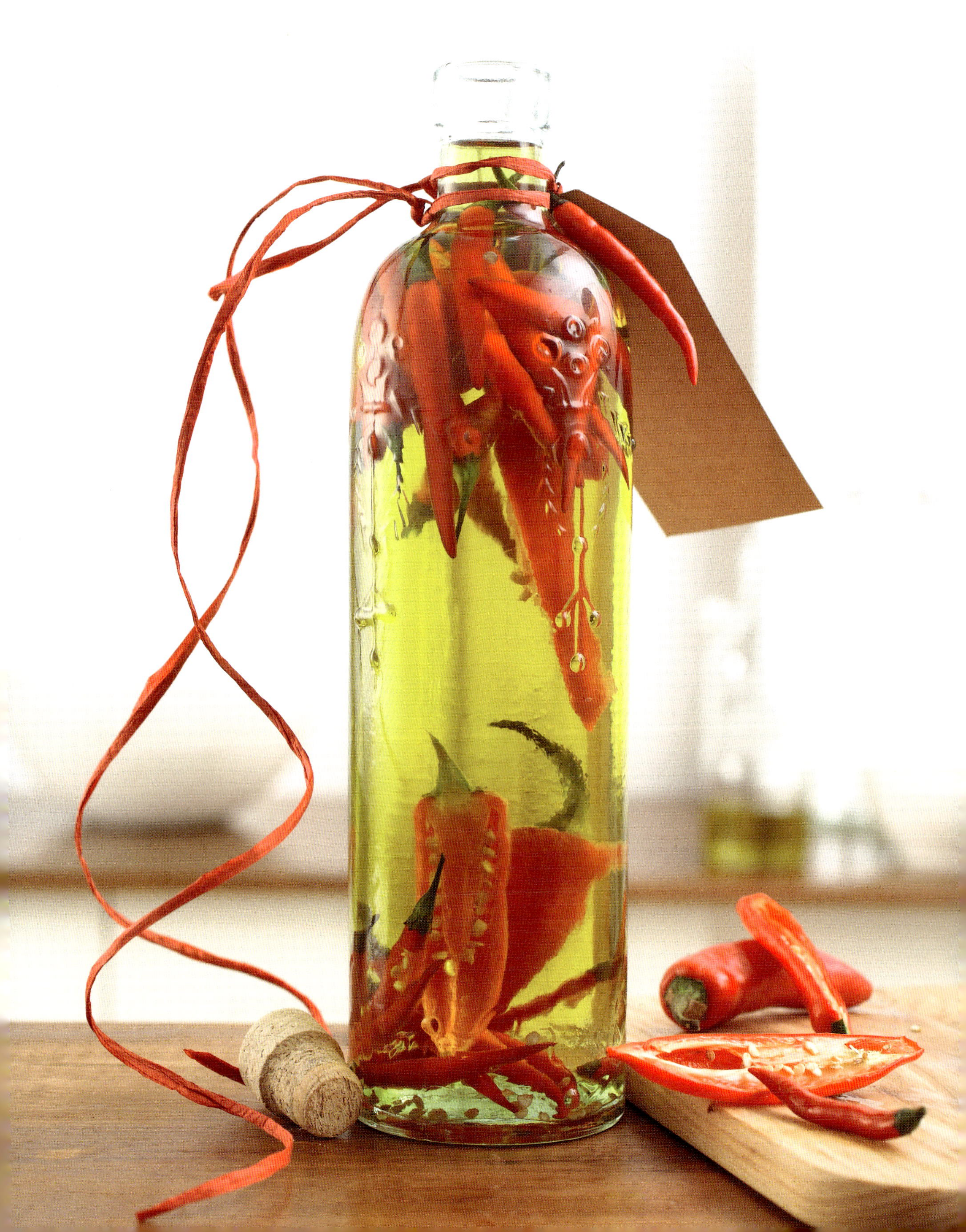

Azeite temperado

Delícias para saborear

Um belo presente artesanal, também será muito útil para alguém que gosta de cozinhar. Feito com ervas frescas, pode servir de tempero para salada ou de base para marinar carnes. O de pimenta dá um sabor especial a pizzas e massas.

Você vai precisar de:

Utensílios: faca • tábua • garrafa de vidro esterilizada • jarra e funil (opcionais)

Ingredientes: 100 g de pimenta (misture pimenta vermelha e pimenta-malagueta) • 1 litro de azeite extravirgem

1
Corte a pimenta vermelha ao meio, incluindo o caule. Coloque a pimenta-malagueta fatiada e todas as sementes na garrafa esterilizada.

2
Despeje 1 litro de azeite na garrafa e tampe com uma rolha. Consuma em até 1 mês.

Azeite com manjericão

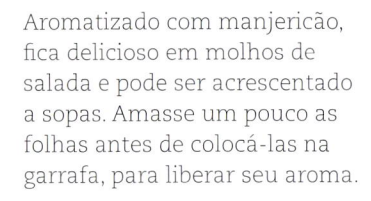

Aromatizado com manjericão, fica delicioso em molhos de salada e pode ser acrescentado a sopas. Amasse um pouco as folhas antes de colocá-las na garrafa, para liberar seu aroma.

Você vai precisar de:
1 litro de azeite extravirgem
150 g de manjericão

1. Aqueça o azeite em fogo baixo em uma panela até atingir 40°C.

2. Amasse levemente o manjericão e coloque-o em uma garrafa esterilizada. Despeje o azeite morno e vede a garrafa. Deixe maturar por 3-4 semanas.

Dica: coe o azeite após 3-4 semanas para prolongar seu prazo de validade. Volte a envasilhar e vede bem a garrafa antes de guardar.

Azeite com alho e alecrim

Essa combinação clássica é uma ótima pedida para marinadas ou para untar legumes antes de levá-los ao forno. Deve ser consumido em até 1 mês.

Você vai precisar de:
6 dentes de alho levemente amassados
3 ramos de alecrim
1 litro de azeite extravirgem

1. Coloque o alho e o alecrim em uma garrafa esterilizada.
2. Acrescente o azeite até cobrir o alecrim. Vede bem.

Dica: experimente criar novos sabores combinando ervas como tomilho e coentro.

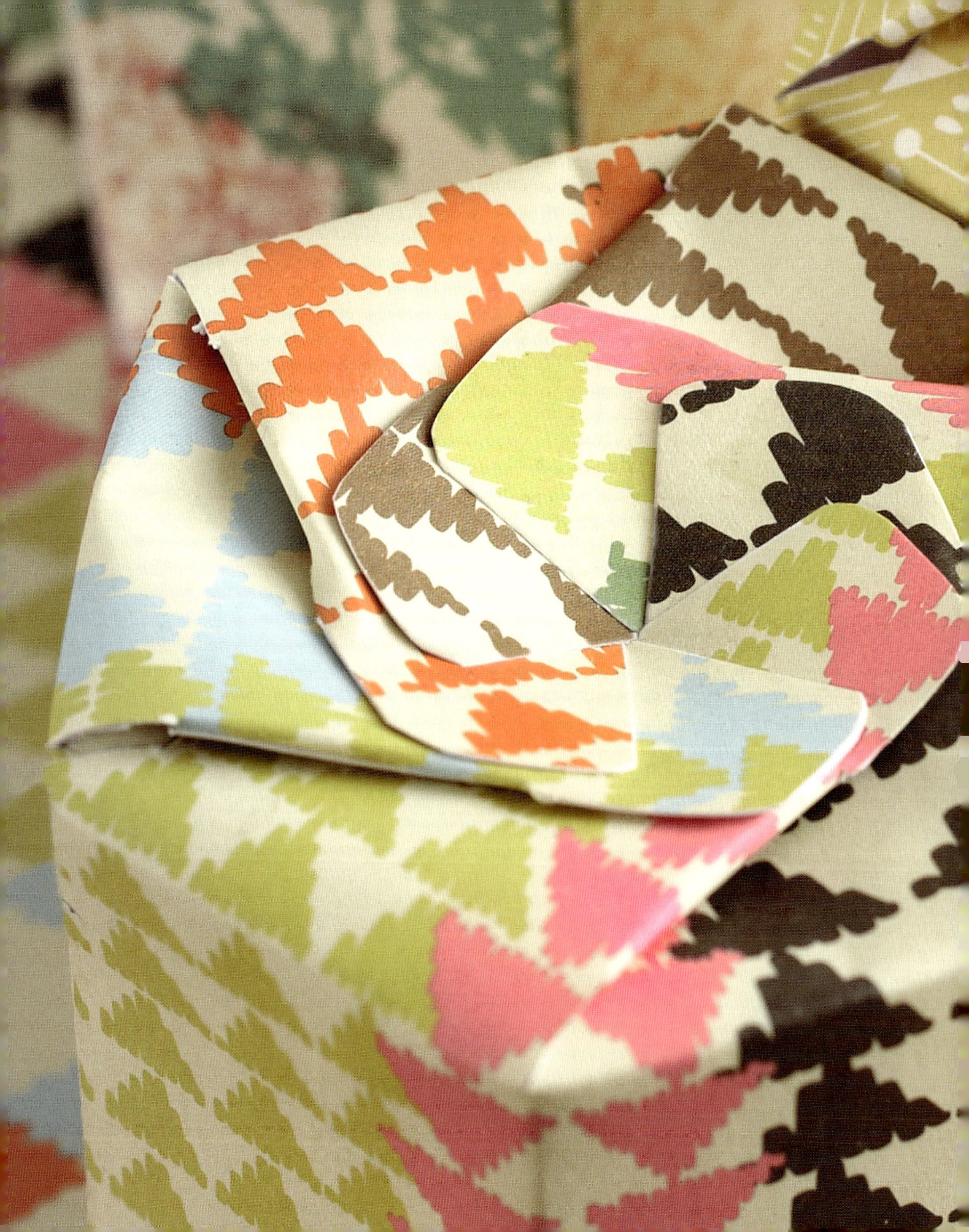

Embalagens

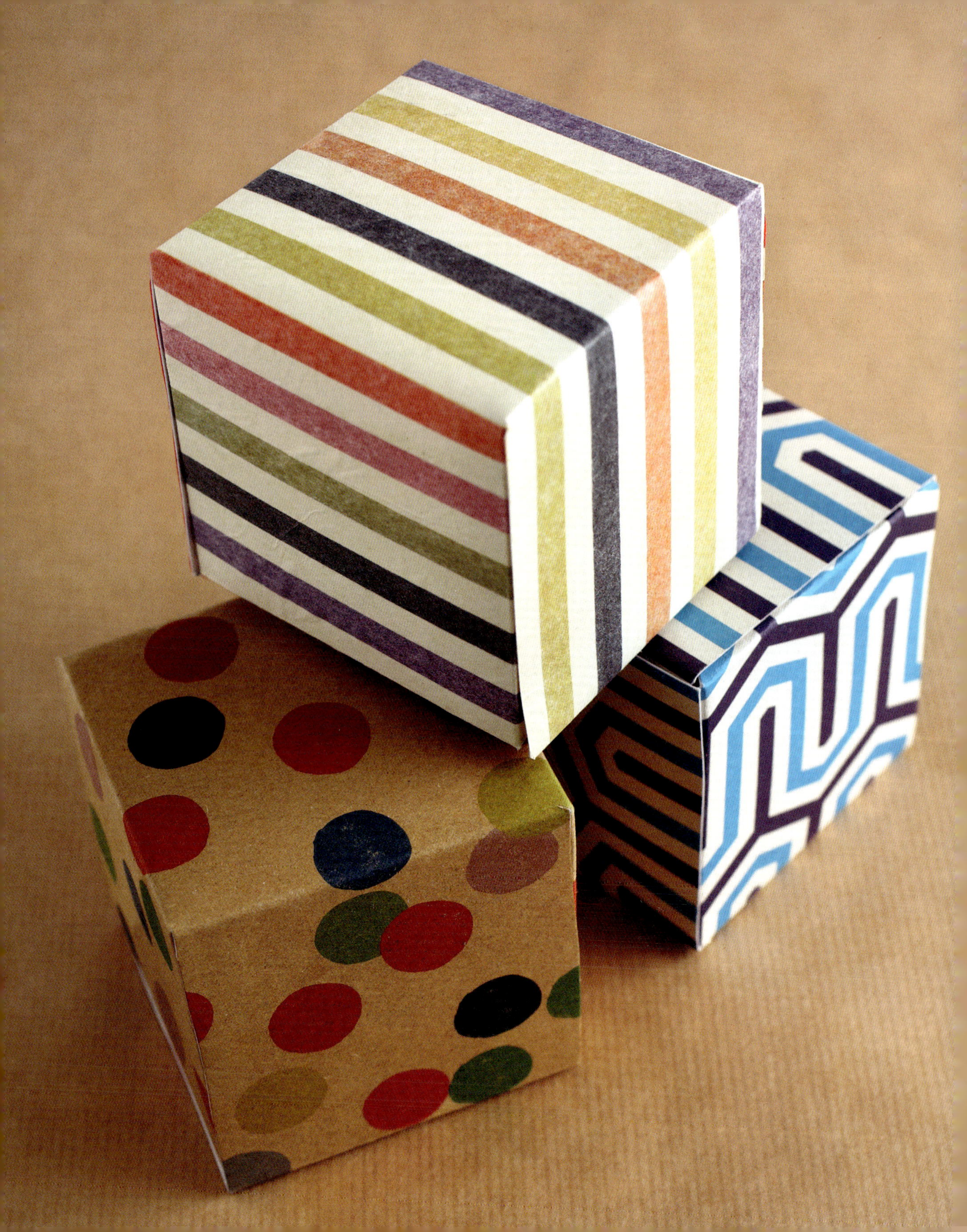

Caixa
quadrada

Embalagens

Essa embalagem é ideal para presentes com formato irregular. Você pode ajustar o tamanho do molde e fazê-la sob medida para sua necessidade. Utilize cartolina estampada ou forre uma lisa com papel de presente antes de começar o trabalho.

Você vai precisar de:

Utensílios: lápis • estilete • base para corte • régua • faca sem corte (ou tesoura) • borracha
Materiais: cartolina estampada ou decorada com papel de presente • papel vegetal • cola em bastão

1
Faça uma fotocópia ampliada do molde da caixa (p. 199). Trace o desenho na cartolina com o auxílio de lápis e papel vegetal.

2
Recorte com o estilete sobre a base para corte. Cuidado para não cortar as linhas internas (marcas para as dobras).

3

Marque as dobras para facilitar a montagem da caixa: pressione uma faca sem corte (ou tesoura fechada) ao longo de uma régua sobre as linhas.

4

Dobre os lados da caixa para dentro. As arestas devem ficar bem retas. Apague as linhas traçadas a lápis no interior da caixa.

5

Una três lados com cola em bastão ou colando fita adesiva dupla face nas abas. Segure até a cola secar ou a fita aderir.

6

Dobre as abas do último lado e passe cola ou coloque fita adesiva do lado colorido. Pressione contra a lateral restante para completar a caixa e segure até colar.

Molde da Caixa quadrada

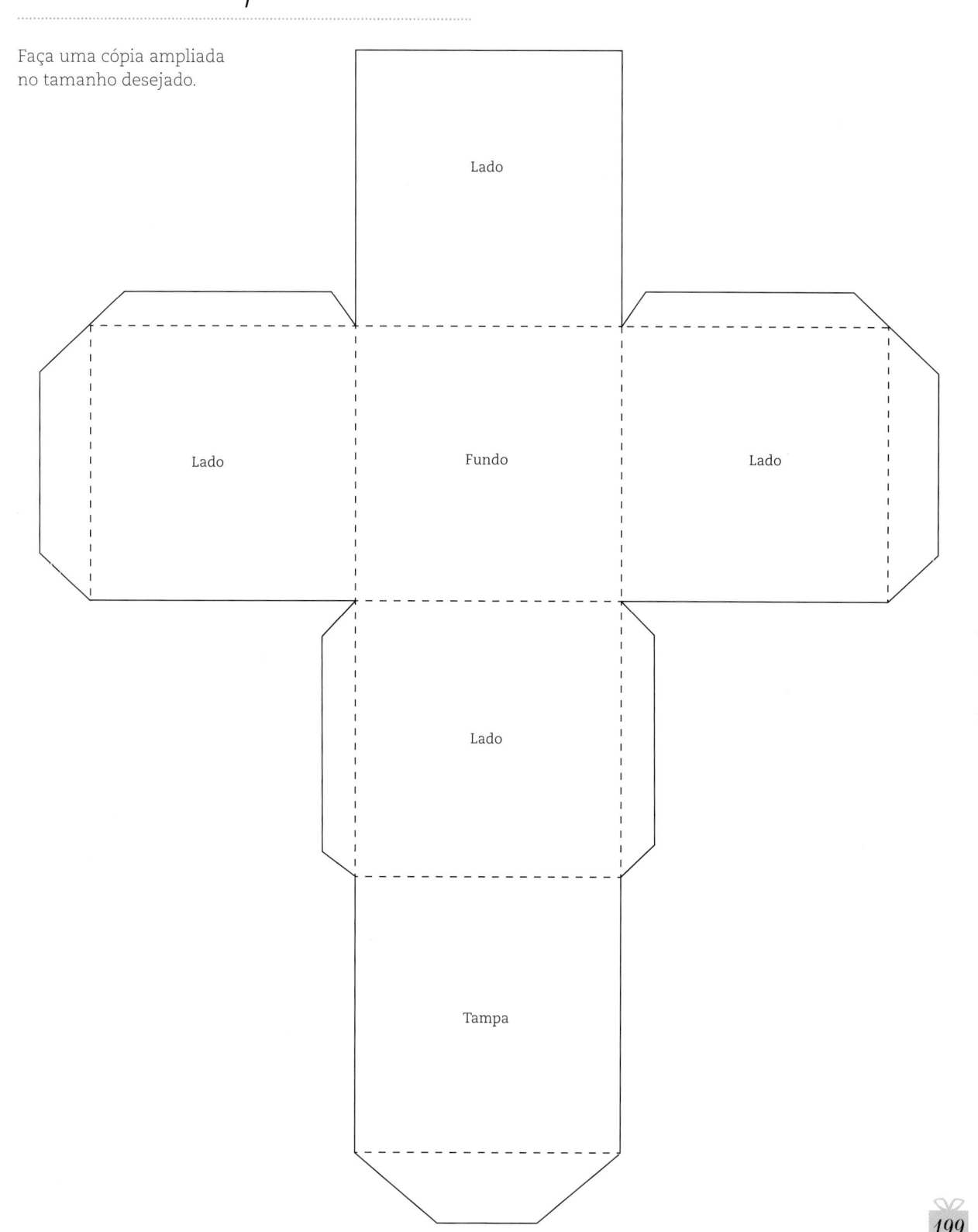

Faça uma cópia ampliada no tamanho desejado.

Lado

Lado   Fundo   Lado

Lado

Tampa

Embalagens

Caixas enfeitadas

Caprichar na embalagem valoriza ainda mais os seus presentes. Materiais simples, como botões, fitas e papéis coloridos, dão um toque exclusivo e muito charmoso quando utilizados com criatividade.

A. *Fita com cartão*
Recorte um pedaço de cartão em forma de etiqueta de bagagem. Perfure a ponta e passe uma fita pelo furo. Cole as pontas da fita no fundo da caixa. Amarre outra fita em cor contrastante ao redor da embalagem.

B. *Bolinhas*
Junte uma pilha com folhas de papel de seda de várias cores. Recorte círculos com todas as camadas unidas. Costure o centro de cada círculo com linha e agulha. Faça pontos bem pequenos e arremate na parte de trás. Cole os círculos coloridos sobre a embalagem.

C. *Laço com botão*
Recorte quatro retângulos em duas cores diferentes de cartolina estampada. Tire um triângulo em uma das pontas de cada um. Divida-os em duplas de cores alternadas e cole-as sobre a caixa. Recorte um pedaço de cartolina em formato de gravata borboleta. Cole a gravatinha, com as laterais dobradas para baixo, sobre os retângulos. Você terá um laço em 3D. Cole um botão no centro do laço.

D. *Faixa com botões*
Recorte uma tira de cartolina com comprimento suficiente para dar a volta na caixa. Costure botões sobre a faixa com linha na cor creme. Passe a faixa ao redor da caixa e cole as pontas na parte de baixo.

E. *Flores*
Passe duas fitas cruzadas ao redor da caixa e cole as pontas no fundo. Recorte papel de seda em várias cores no formato de flores. Junte-os em uma pilha. Costure o centro das flores para unir as camadas. Cole a flor na caixa, no ponto em que as fitas se encontram. Faça algumas flores menores utilizando a mesma técnica e cole-as na caixa.

F. *Rosa com botão*
Corte dois pedaços de fita com recortes triangulares nas pontas. Cole-as no canto superior da caixa. Recorte círculos de tamanho decrescente em papéis de presente. Utilize uma tesoura de picotar. Monte uma rosa com os círculos e costure um botão no centro, unindo as camadas. Cole a rosa na caixa.

Dica: esses enfeites também ficam lindos em embalagens maiores. Que tal combinar alguns deles?

A

B

C

D

E

F

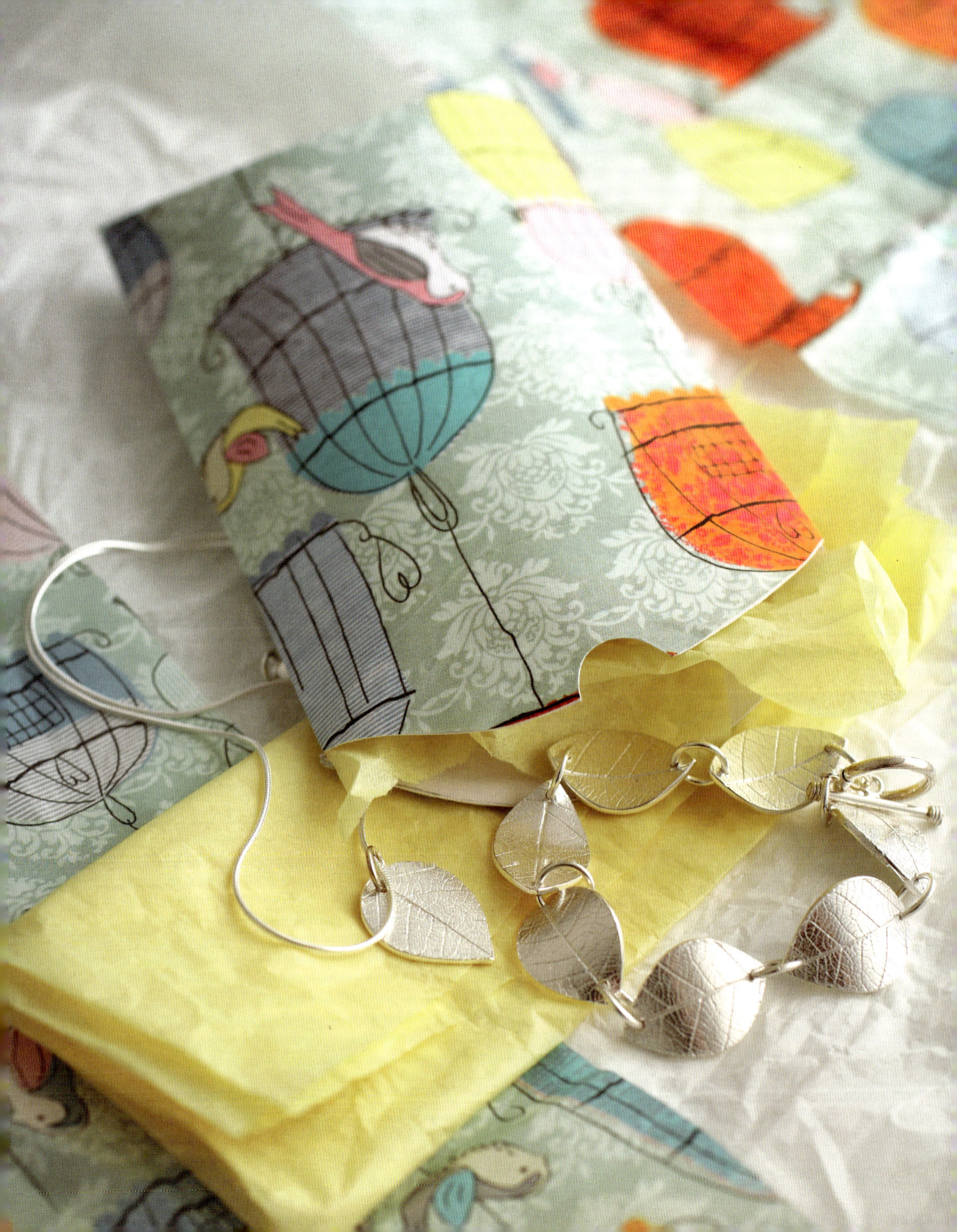

Caixa para bijuteria

Embalagens

Faça uma caixa do tamanho ideal para os presentes pequenos. Envolva o mimo em papel de seda e amarre com um laço de fita bem bonito.

Você vai precisar de:

Utensílios: lápis • estilete • base para corte • régua • faca sem corte (ou tesoura) • borracha

Materiais: cartolina • papel vegetal • papel de seda • cola em bastão

1
Faça uma fotocópia ampliada do molde (p. 204), se necessário. Trace o contorno sobre a cartolina com o auxílio do papel vegetal e do lápis.

2
Cole uma folha de papel de seda ou decorativo no outro lado da cartolina. A folha deve ficar bem colada. Utilize cartolina estampada, se preferir.

3

Recorte o contorno da caixa com o estilete sobre a base para corte. Cuidado: não corte as linhas internas.

4

Faça o vinco nas linhas das dobras com a régua e um lado da tesoura ou com uma faca sem corte. Apague o traçado a lápis.

5

Levante a aba lateral e passe cola no lado estampado. Dobre a caixa ao meio e cole a aba no lado interno da outra metade. Segure até a cola secar.

6

Escolha um dos lados abertos para ser o fundo da caixa. Dobre nas linhas marcadas. Coloque o presente na caixa e dobre as abas do outro lado para fechar a embalagem.

Molde da Caixa para bijuteria

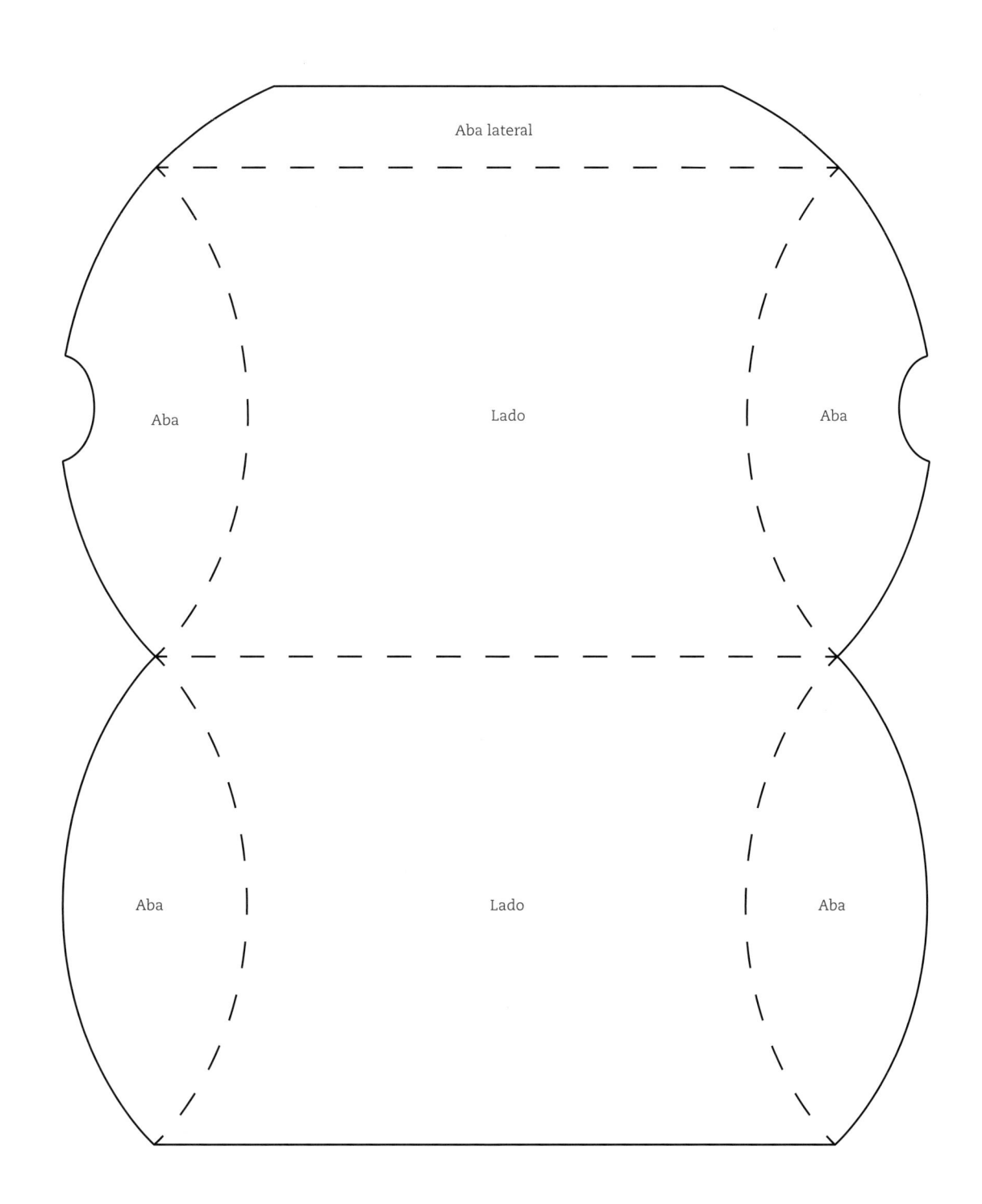

Aba lateral

Aba

Lado

Aba

Aba

Lado

Aba

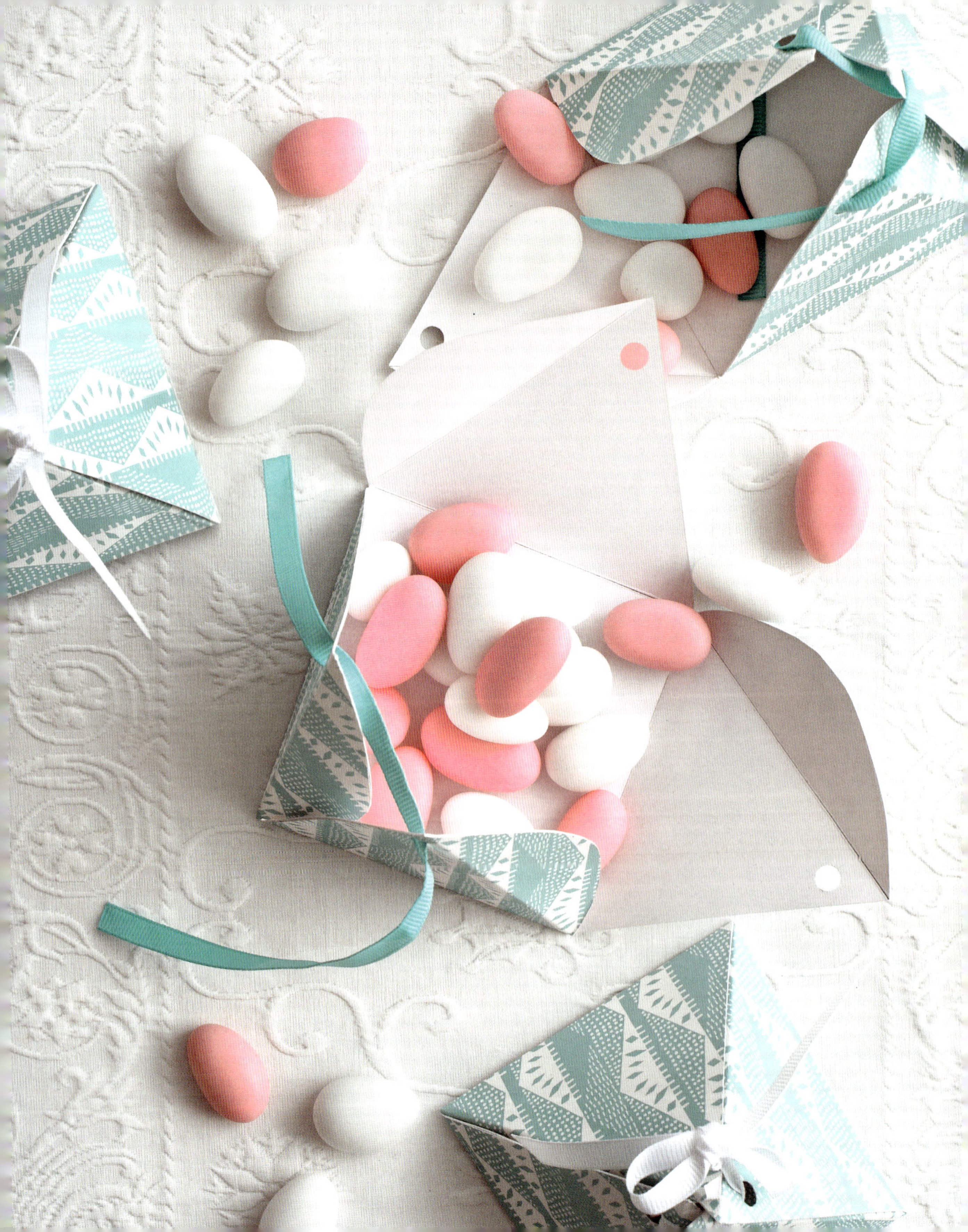

Pirâmide

Embalagens

É perfeita para os presentes pequenos ou lembrancinhas de festa. Fácil de fazer, não necessita de cola. Personalize-a com fitas de texturas e cores diferentes.

Você vai precisar de:

Utensílios: lápis • estilete • base para corte • faca sem corte (ou tesoura) • régua • borracha • furador de papel

Materiais: cartolina estampada ou decorada com papel de presente • papel vegetal • fitas

1
Faça uma fotocópia ampliada do molde (p. 209), se necessário. Utilize papel vegetal para traçar o desenho na cartolina.

2
Recorte o contorno da caixinha com o estilete sobre a base para corte. Tome cuidado para não cortar as linhas internas (dobras).

3

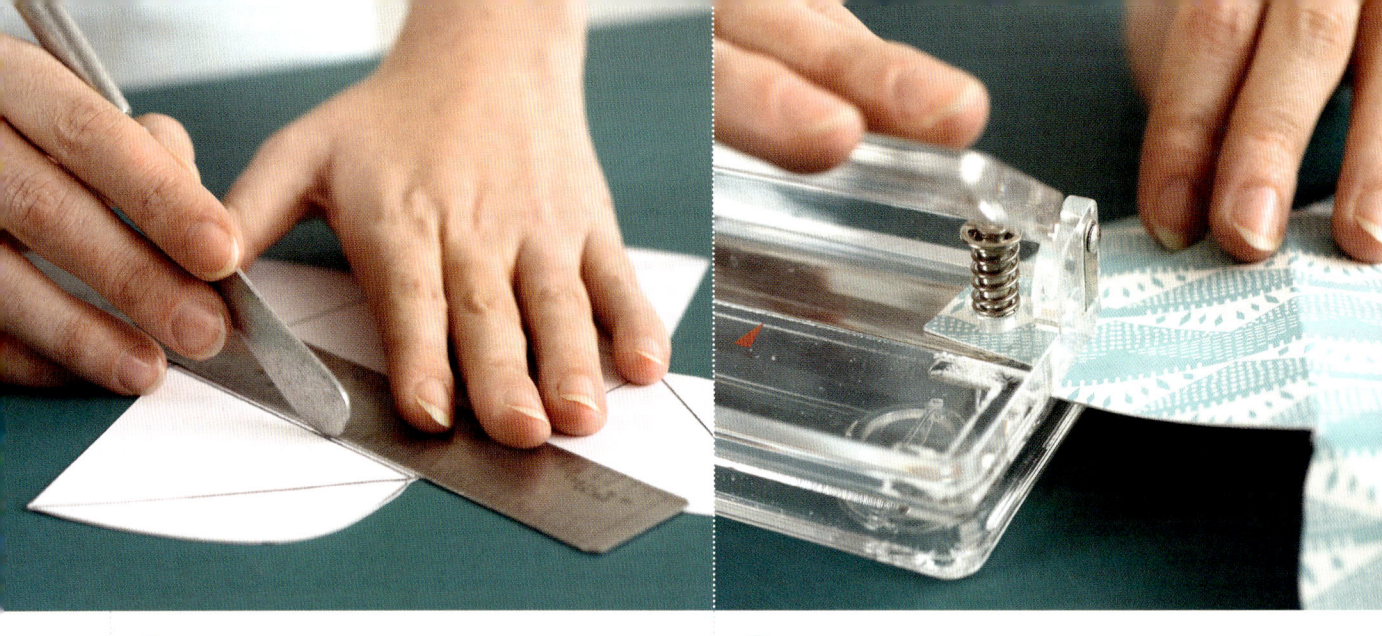

Marque o vinco das dobras com a faca sem corte (ou tesoura) apoiada na régua.

4

Perfure o canto de cada triângulo com o furador. Centralize os furos em relação à ponta.

5

Apague o traçado a lápis. Dobre a cartolina nas linhas marcadas. As arestas devem ficar bem retas.

6

Monte a caixa: dobre os lados para cima e encaixe as abas para dentro da pirâmide. Passe uma fita pelos furos e feche a embalagem com um belo laço.

Molde da Pirâmide

Faça uma cópia ampliada
no tamanho desejado.

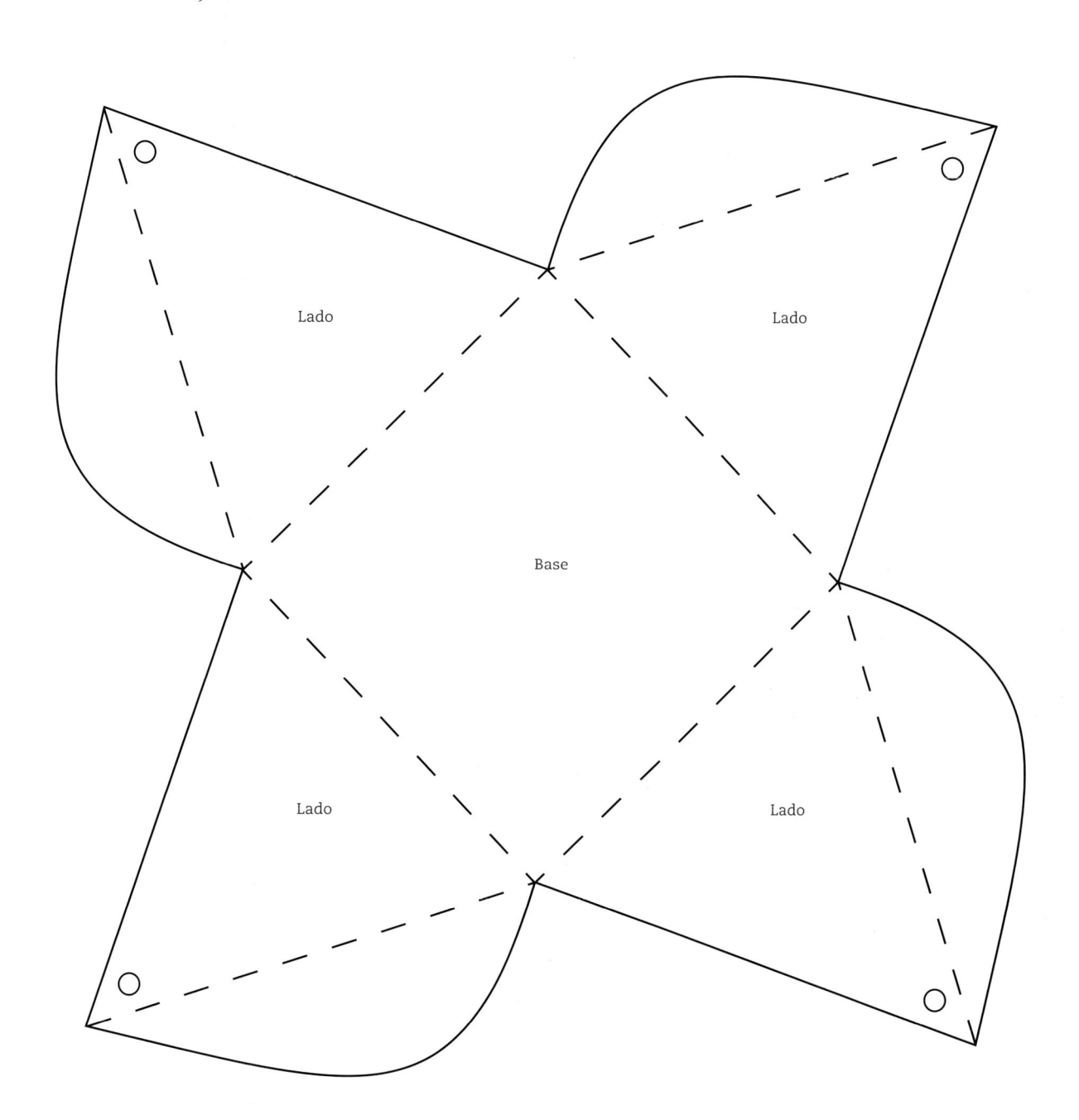

Lado

Lado

Base

Lado

Lado

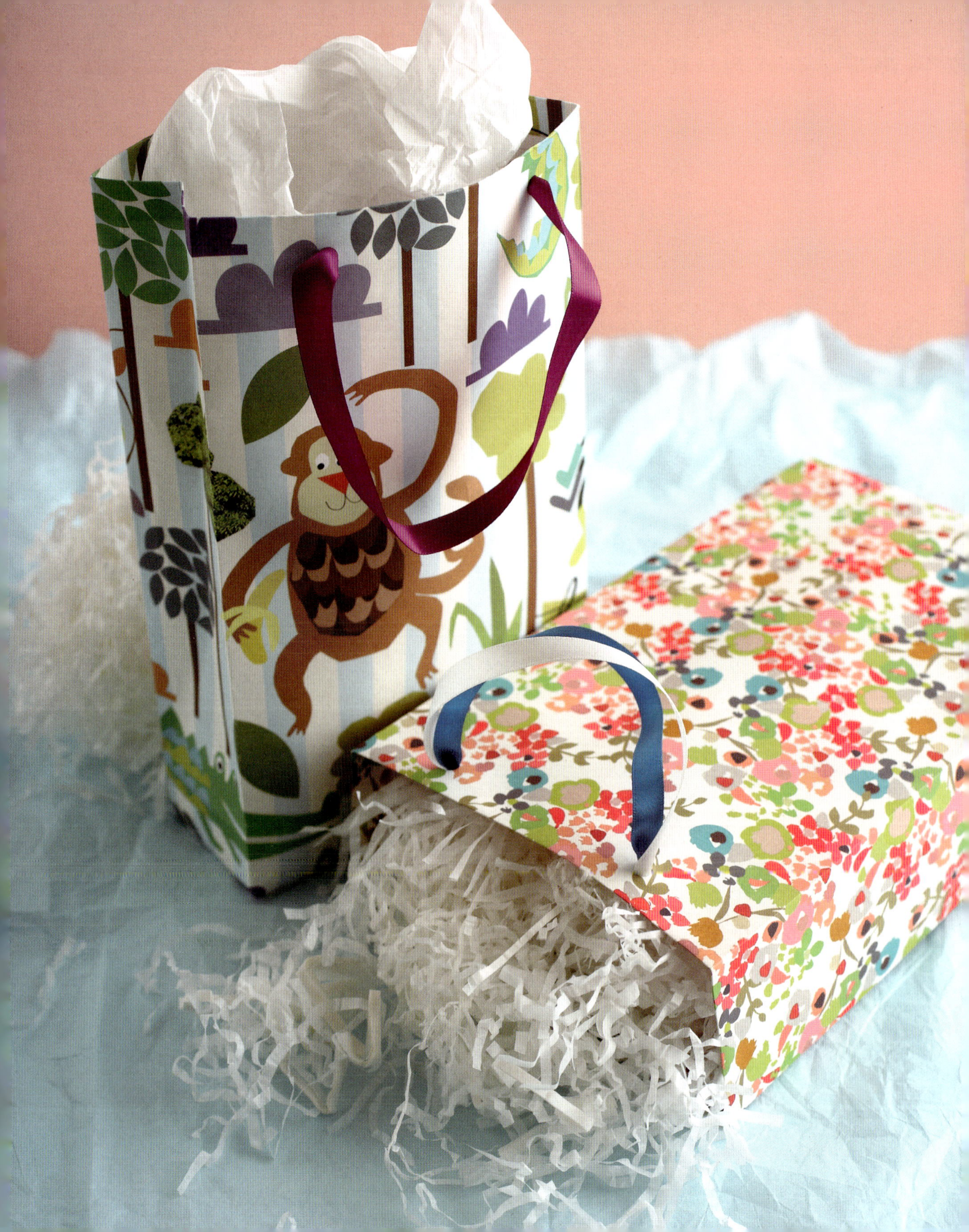

Sacola de papel

Embalagens

Aprenda a transformar qualquer papel em uma embalagem sob medida para presentes de todo tamanho. Para deixá-la ainda mais especial, utilize uma folha impressa com um texto ou até mesmo uma foto.

Você vai precisar de:

Utensílios: lápis • tesoura • faca sem corte (ou tesoura) • régua • cola em bastão • furador de papel

Materiais: papel vegetal • papel de presente ou outro tipo de papel estampado • cartolina • fitas

1
Faça uma fotocópia do molde (pp. 214-5) no tamanho desejado. Transfira o desenho para o lado de trás do papel escolhido com o auxílio de lápis e papel vegetal.

2
Recorte o contorno do molde. Cuidado para não cortar as linhas internas (dobras).

3

Marque o vinco das dobras horizontais superior e inferior com a faca sem corte (ou tesoura) apoiada na régua. Dobre as abas. As arestas devem ficar bem retas.

4

Marque o vinco das dobras verticais atravessando as abas horizontais. Monte a sacola dobrando bem sobre as marcas e vincando as arestas.

7

Faça o fundo da sacola como se estivesse embrulhando um pacote: vire um dos lados mais longos e as pontas sobre a abertura, marcando bem o vinco. Dobre o outro lado para fechar a abertura e junte a base com cola ou fita adesiva.

5

Passe cola em bastão sobre a aba superior. Dobre-a para dentro e pressione com os dedos até secar, para dar forma à sacola.

6

Dobre a aba inferior. Passe cola no lado externo da aba lateral e junte-a à parte interna do lado oposto. Cole a outra aba sobre a primeira.

8

Corte um retângulo de cartolina do tamanho da base da sacola. Posicione-o na parte interna, reforçando o fundo da embalagem.

9

Perfure os lados maiores da sacola com o furador de papel. Os furos devem ficar sobre a parte reforçada, no alto da sacola. Faça as alças com fitas.

Molde da Sacola de papel

Aba superior

Junção

Base

Junção

Aba
lateral

215

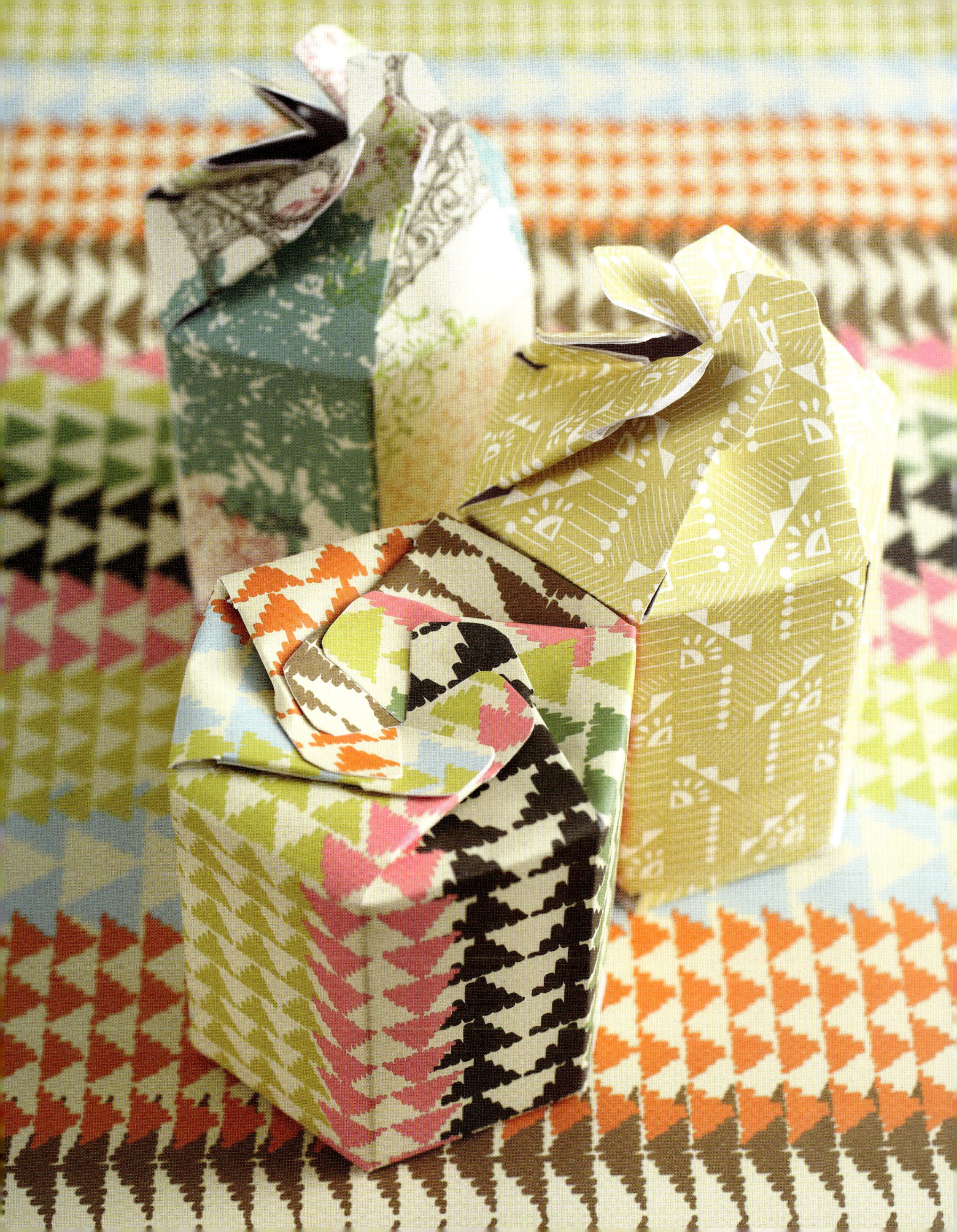

Caixa com tampa torcida

Embalagens

Essa embalagem charmosa tem design diferenciado: para fechá-la é necessário torcer as abas. Que tal recheá-la com surpresas como doces ou bijuterias?

Você vai precisar de:

Utensílios: lápis • estilete • base para corte • régua • faca sem corte (ou tesoura)

Materiais: cartolina ou papel cartão • papel vegetal • papel de presente ou outro tipo de papel estampado • cola em bastão

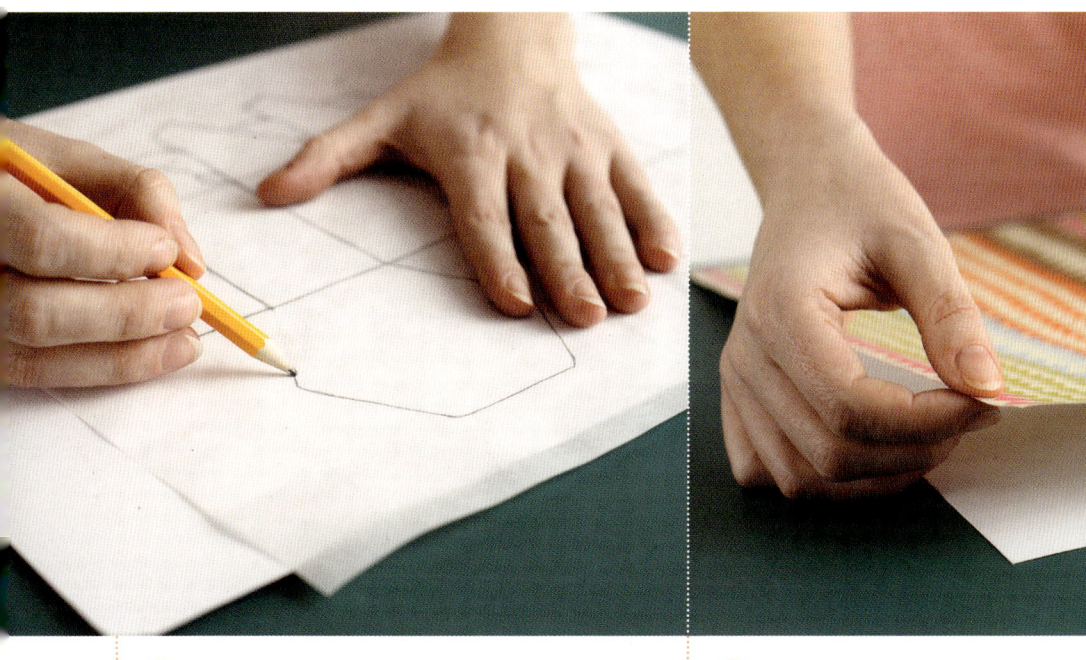

1
Faça uma fotocópia do molde (pp. 220-1) no tamanho desejado, se necessário. Transfira o desenho para uma folha de cartolina com o auxílio de lápis e papel vegetal.

2
Cole uma folha de papel de presente ou estampado à cartolina. Se preferir, utilize cartolina colorida.

3

Corte o papel no contorno do molde com o estilete sobre a base de corte. Não corte sobre as linhas pontilhadas.

4

Utilize o molde (pp. 220-1) como guia e corte sobre as linhas pontilhadas em diagonal para formar as abas da tampa. Retire as sobras do recorte.

6

Dobre o papel sobre todas as linhas já vincadas. As arestas devem ficar bem retas. Monte o corpo da caixa e cole as abas laterais.

5

Pressione a faca sem corte (ou tesoura) sobre as linhas traçadas, apoiando-a na lateral da régua, para marcar o vinco nas dobras no lado interno da caixa. Marque a dobra das linhas com traços e pontos no lado externo.

7

Faça o fundo da caixa: dobre a base 1, as abas da base e por fim a base 2. Encaixe as abas dentro da caixa.

8

Verifique se as abas da tampa estão dobradas na direção correta. Coloque o presente na caixa e vire as abas para o centro para fechar a tampa.

Molde da Caixa com tampa torcida

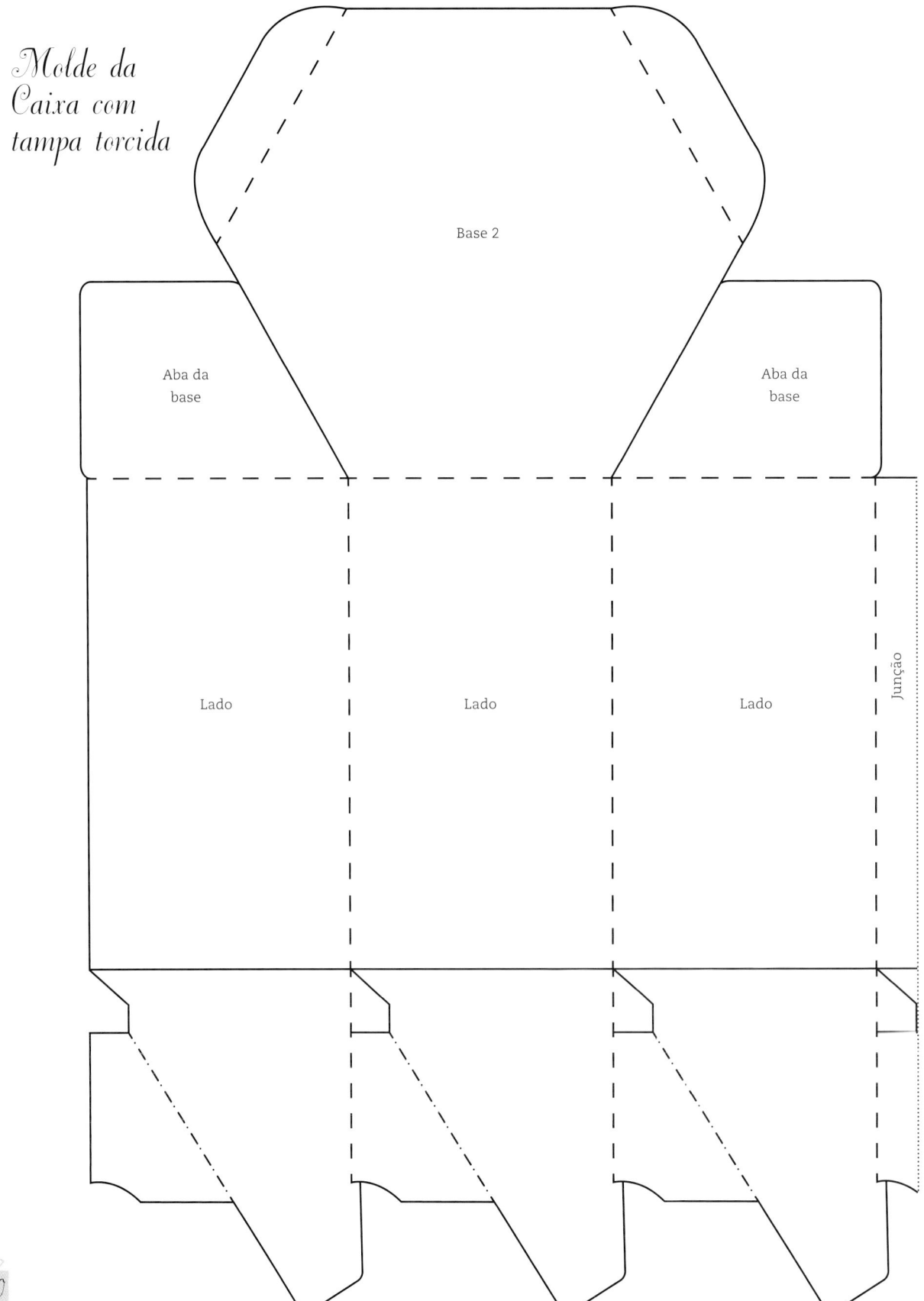

Base 2

Aba da base

Aba da base

Lado

Lado

Lado

Junção

Base 1

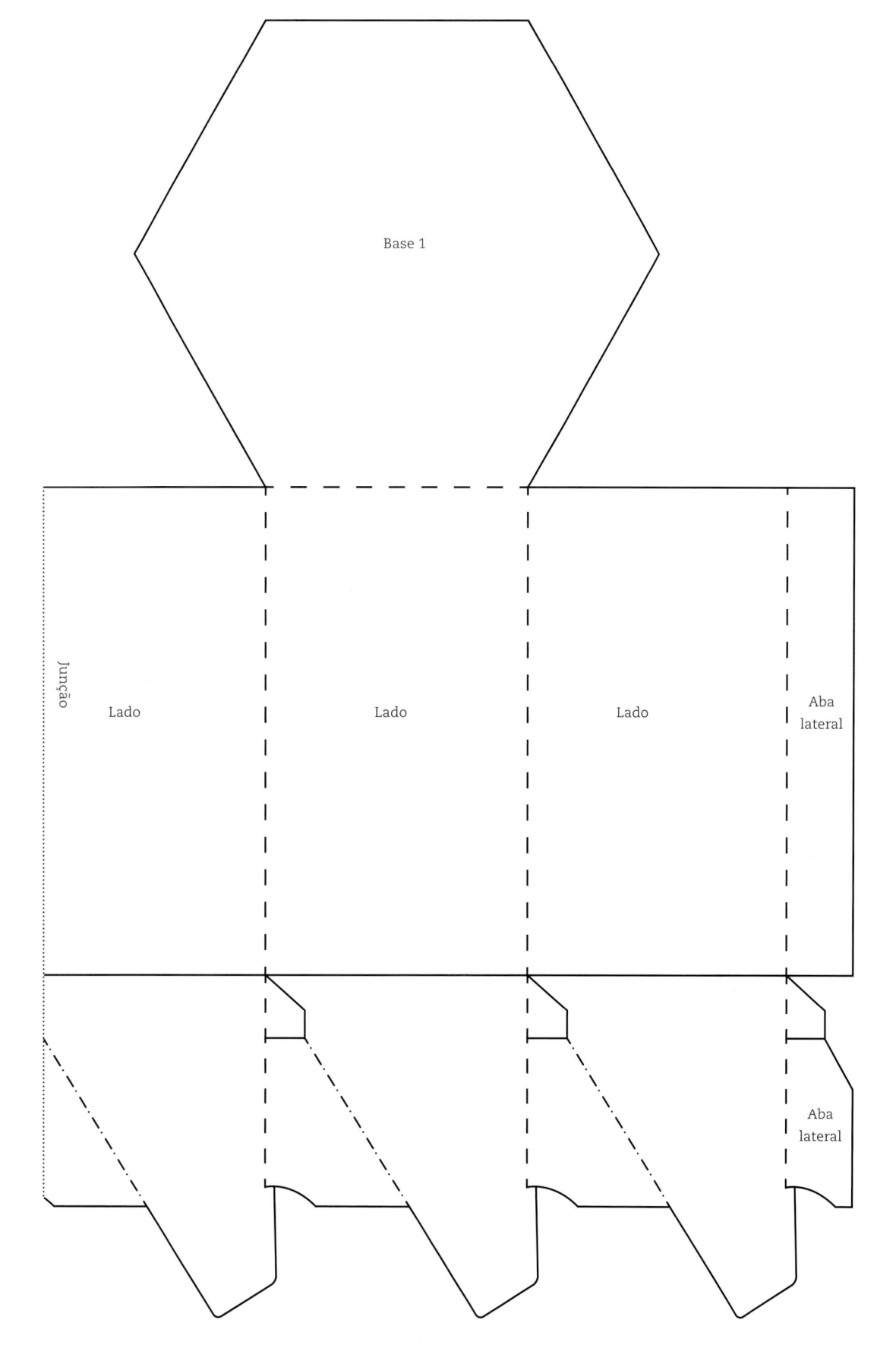

Junção | Lado | Lado | Lado | Aba lateral

Aba lateral

221

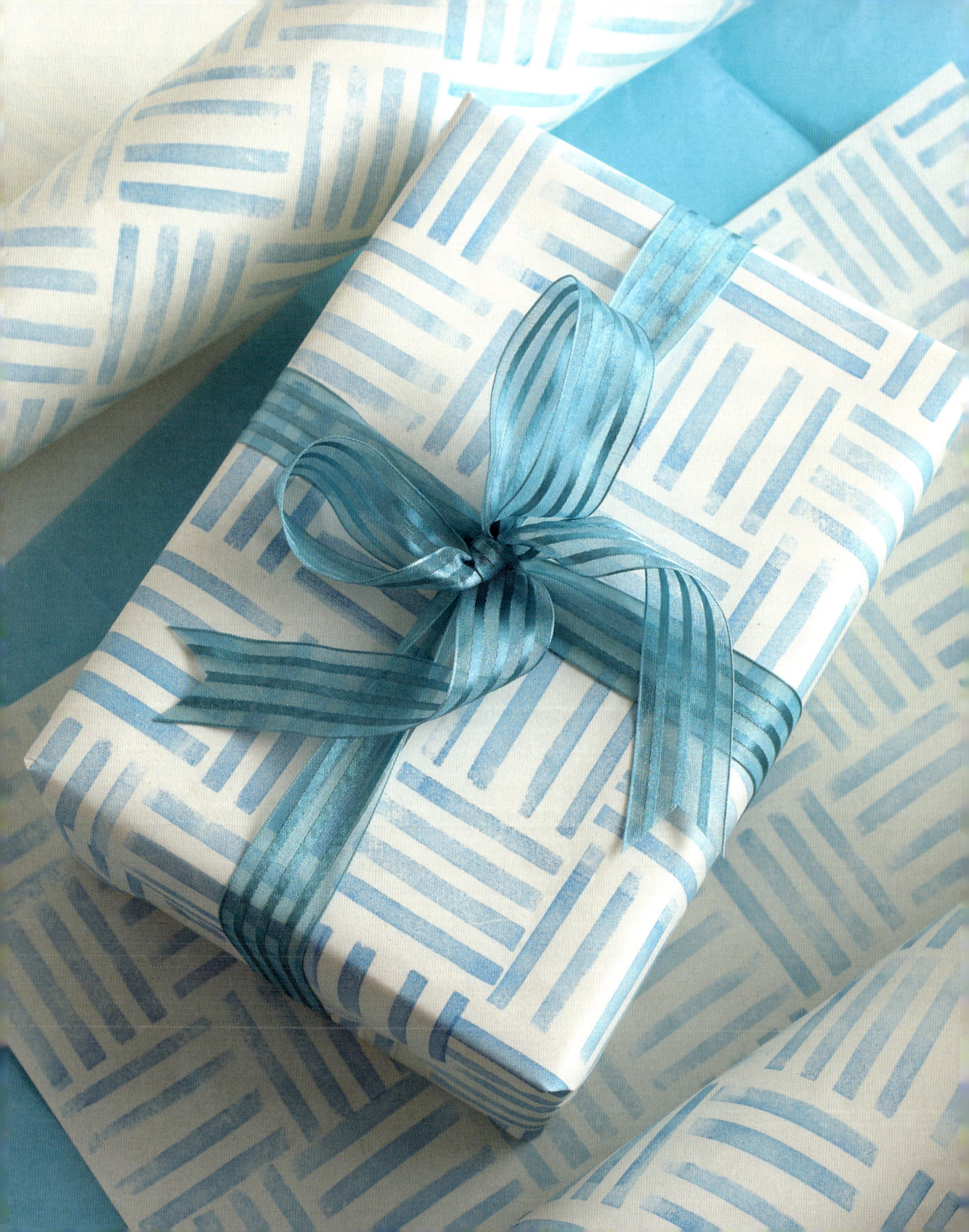

Papel estampado

Embalagens

Faça uma embalagem com motivos exclusivos e dê um toque ainda mais pessoal aos seus presentes. O padrão geométrico é fácil de fazer: aprenda a técnica e crie outros modelos.

Você vai precisar de:

Utensílios: tesoura • cola

Materiais: bloco de madeira • folha de EVA • almofada para carimbo • papel branco

1
Corte tiras em EVA no tamanho desejado. Cole as tiras em um lado do bloco de madeira e espere secar.

2
Pressione sobre a almofada para carimbo e em seguida sobre um canto do papel. Carimbe toda a extensão do papel, alternando o sentido das listras.

Moldes

Almofada decorada (pp. 14-7)

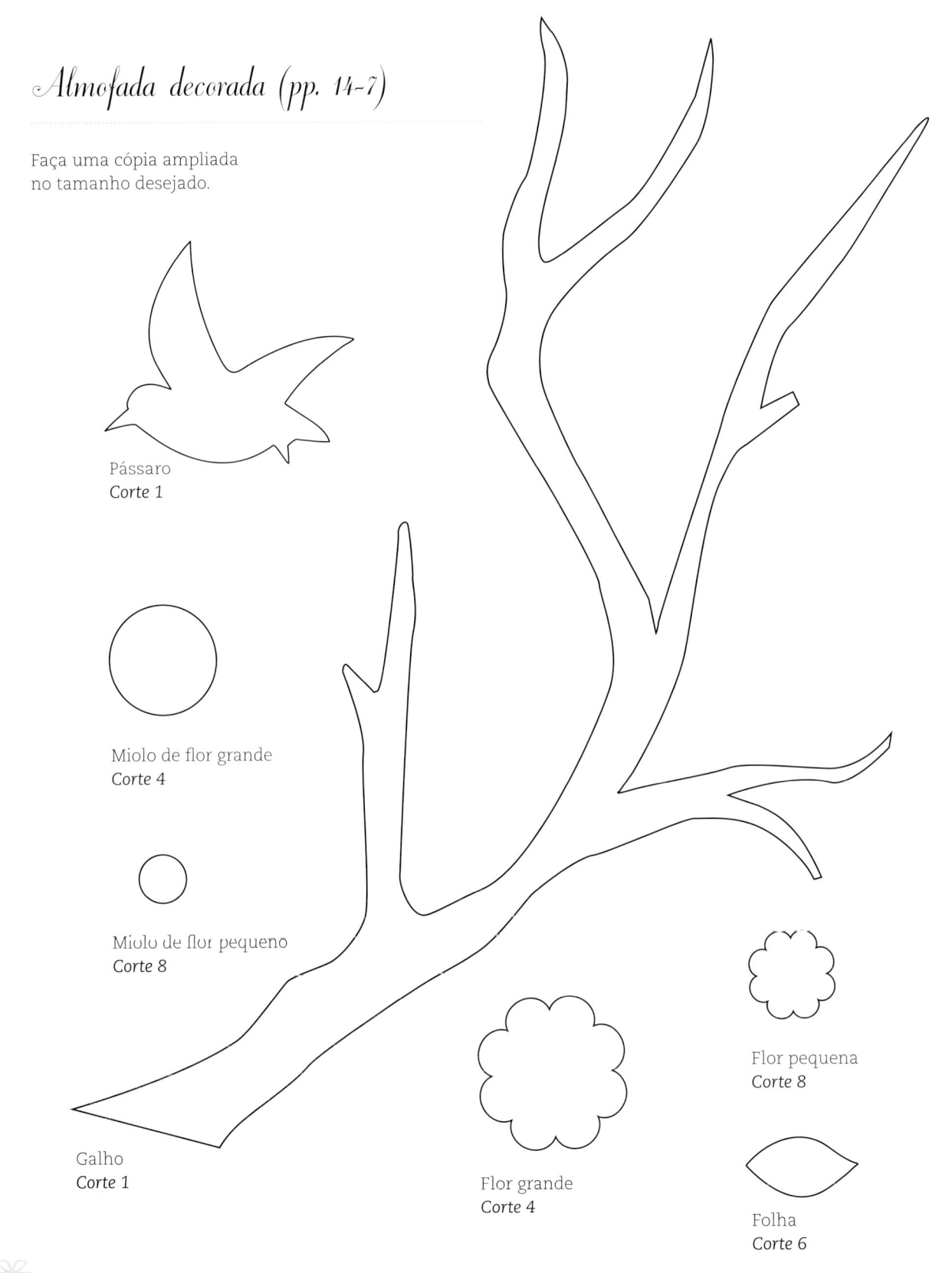

Faça uma cópia ampliada no tamanho desejado.

Pássaro
Corte 1

Miolo de flor grande
Corte 4

Miolo de flor pequeno
Corte 8

Galho
Corte 1

Flor grande
Corte 4

Flor pequena
Corte 8

Folha
Corte 6

Almofada com caveira (p. 19)

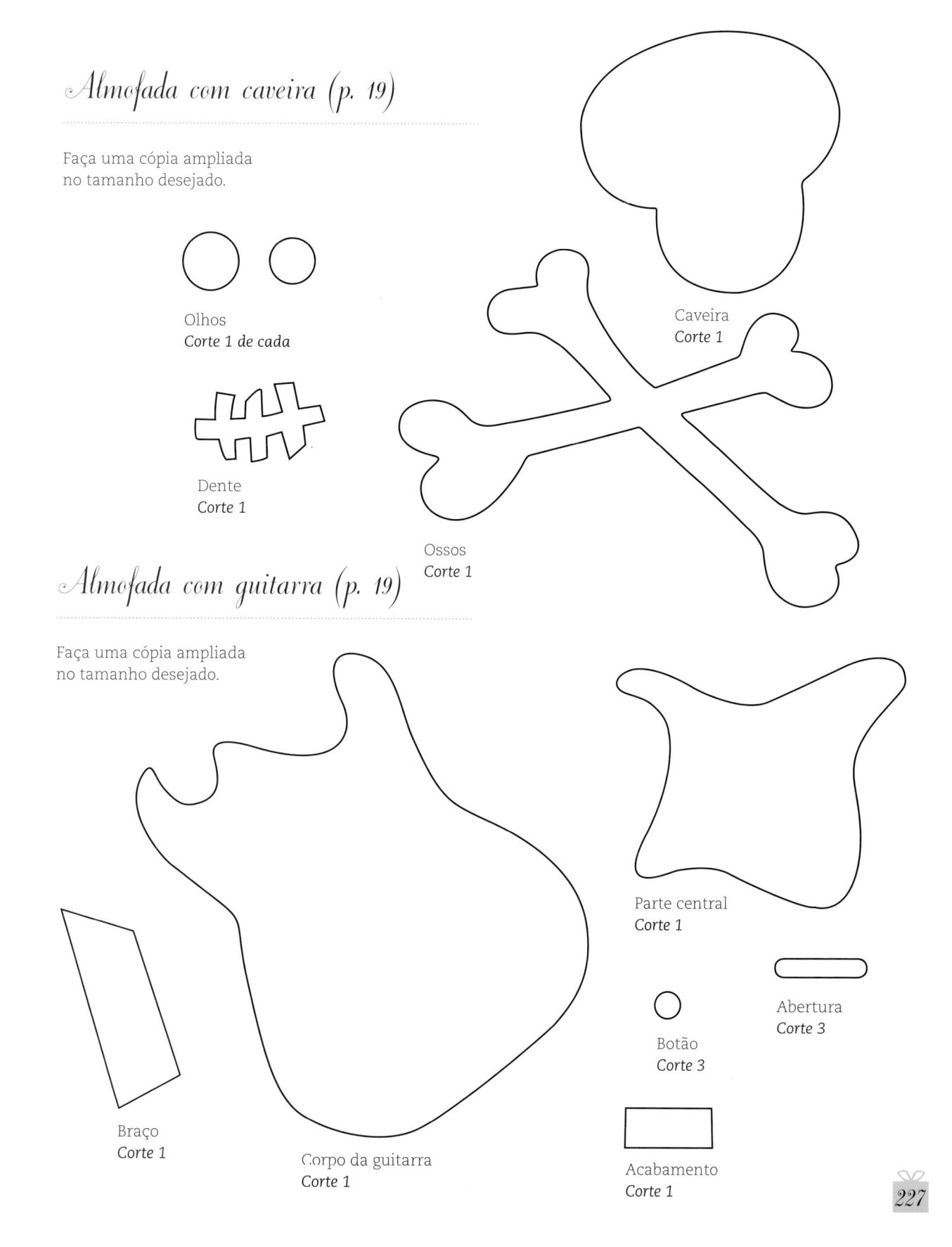

Faça uma cópia ampliada no tamanho desejado.

Olhos
Corte 1 de cada

Dente
Corte 1

Caveira
Corte 1

Ossos
Corte 1

Almofada com guitarra (p. 19)

Faça uma cópia ampliada no tamanho desejado.

Parte central
Corte 1

Abertura
Corte 3

Botão
Corte 3

Braço
Corte 1

Corpo da guitarra
Corte 1

Acabamento
Corte 1

Almofada com castelo (p. 18)

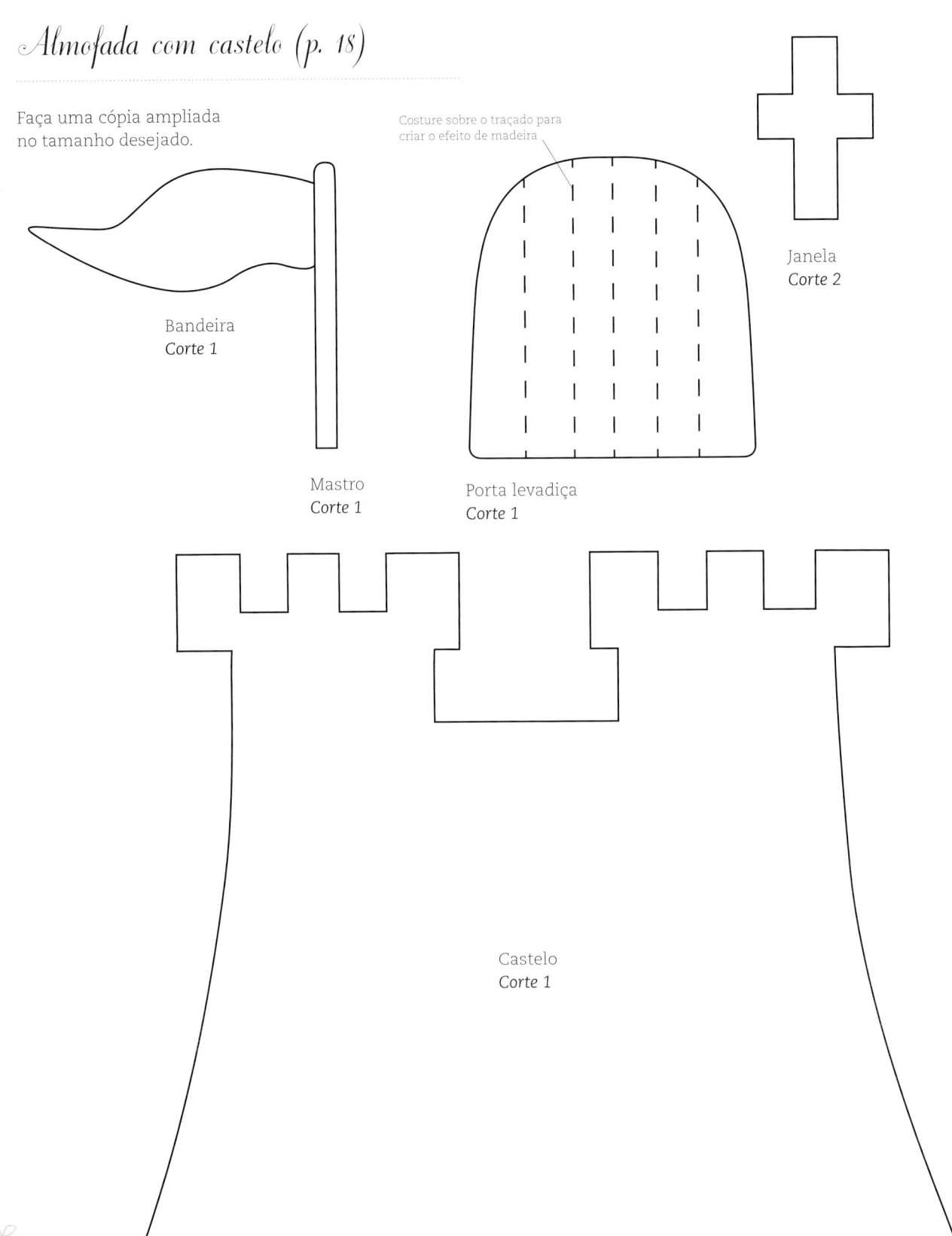

Faça uma cópia ampliada no tamanho desejado.

Costure sobre o traçado para criar o efeito de madeira

Bandeira
Corte 1

Mastro
Corte 1

Porta levadiça
Corte 1

Janela
Corte 2

Castelo
Corte 1

Bonecos do castelo (p. 18)

Faça uma cópia ampliada no tamanho desejado.

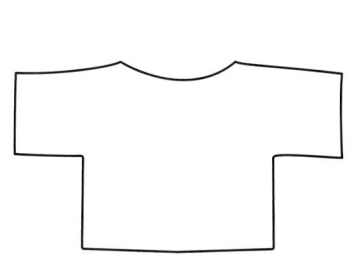

Camisa do príncipe
Corte 2

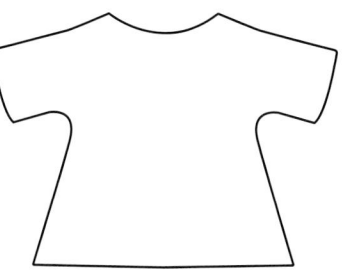

Vestido da princesa
Corte 2

Se fizer as roupas de feltro, coloque as peças em torno do boneco e costure pelo lado de fora. Se usar outro tecido, adicione ao molde uma margem. Costure as partes com o lado direito frente a frente e vire.

Corpo do boneco
Corte 2 moldes para cada boneco. Costure as bordas e deixe uma abertura. Coloque o enchimento e costure.

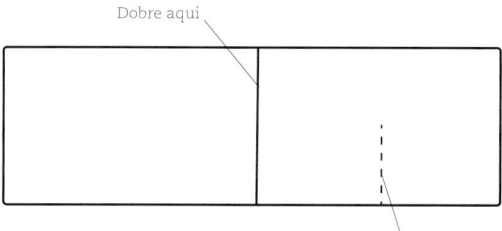

Dobre aqui

Calça do príncipe
Corte 1
Coloque sobre o boneco e costure.

Costure sobre a linha unindo as camadas para formar as pernas

Coroa
Coloque ao redor da cabeça e costure.

Tabuleiro de damas (pp. 46-51)

Tipo de tecido	Peças	Medidas (cm)
Tabuleiro: tecido escuro	x 5	5 cm x 40 cm
Tabuleiro: tecido claro	x 5	5 cm x 40 cm
Tecido externo	x 1	30 cm x 50 cm
Tecido interno	x 2	30 cm x 14 cm
Tecido interno	x 2	5 cm x 27 cm
Entretela	x 1	30 cm x 50 cm
Entretela	x 1	30 cm x 14 cm

Retrato em aplique (pp. 159-61)

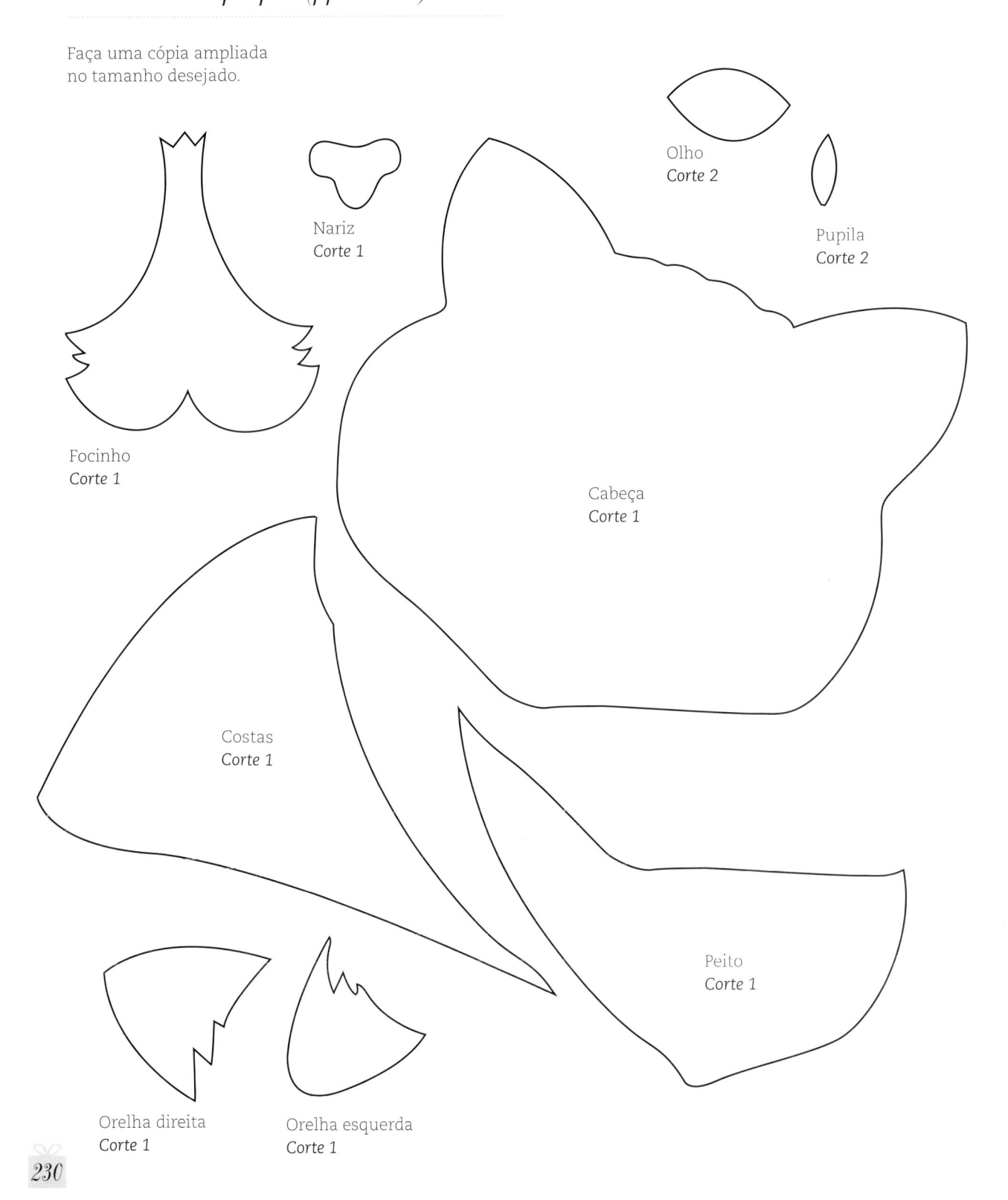

Faça uma cópia ampliada no tamanho desejado.

Nariz
Corte 1

Olho
Corte 2

Pupila
Corte 2

Focinho
Corte 1

Cabeça
Corte 1

Costas
Corte 1

Peito
Corte 1

Orelha direita
Corte 1

Orelha esquerda
Corte 1

Silhueta simples (p. 158)

Faça uma cópia ampliada
no tamanho desejado.

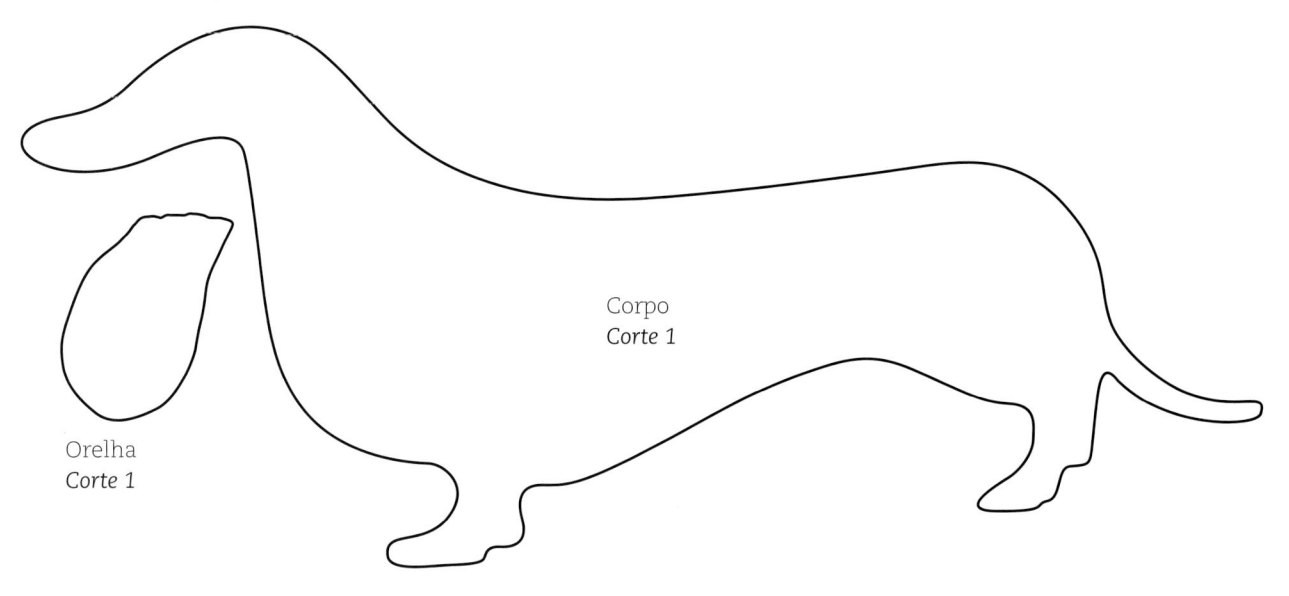

Corpo
Corte 1

Orelha
Corte 1

Ratinho de erva para gato (pp. 150-3)

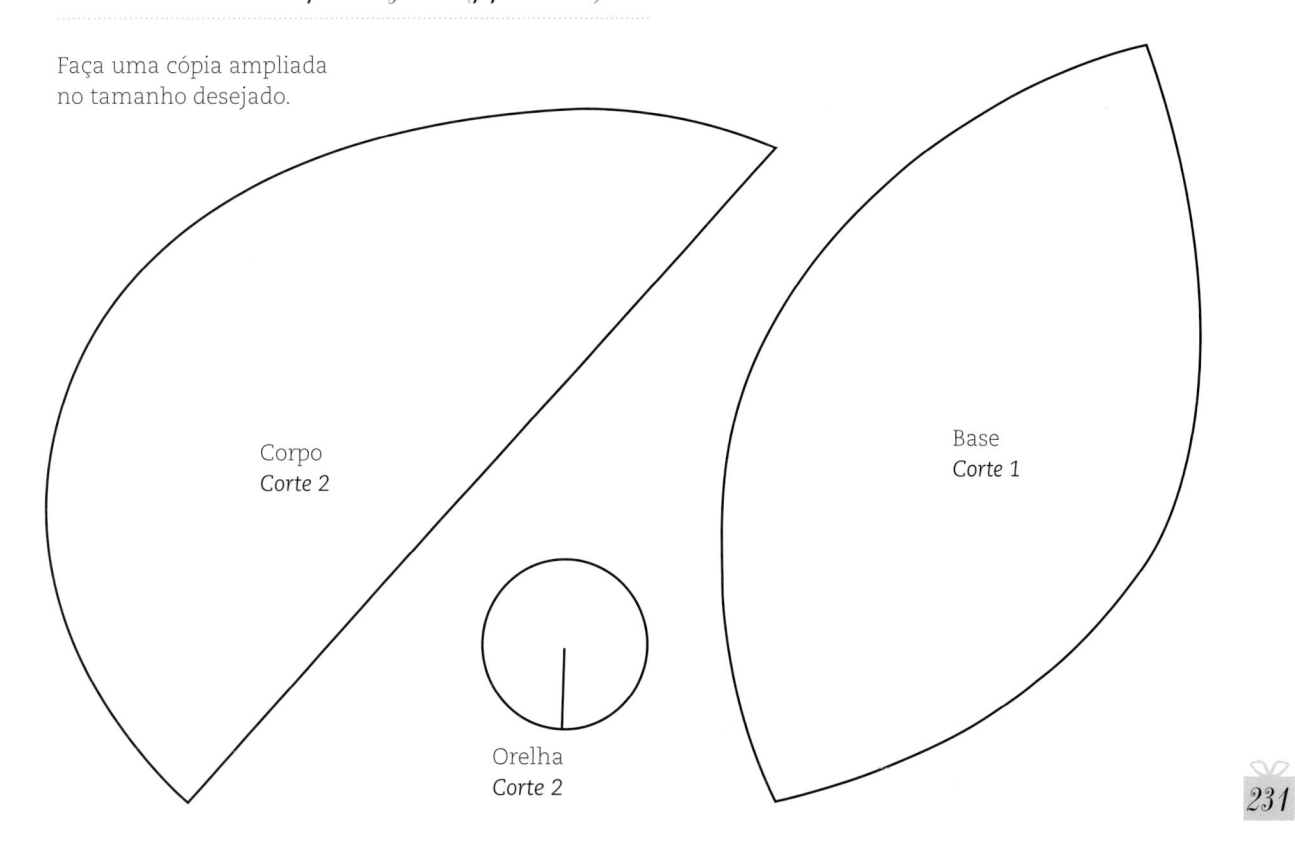

Faça uma cópia ampliada
no tamanho desejado.

Corpo
Corte 2

Base
Corte 1

Orelha
Corte 2

231

Máscara para dormir (pp. 138-41)

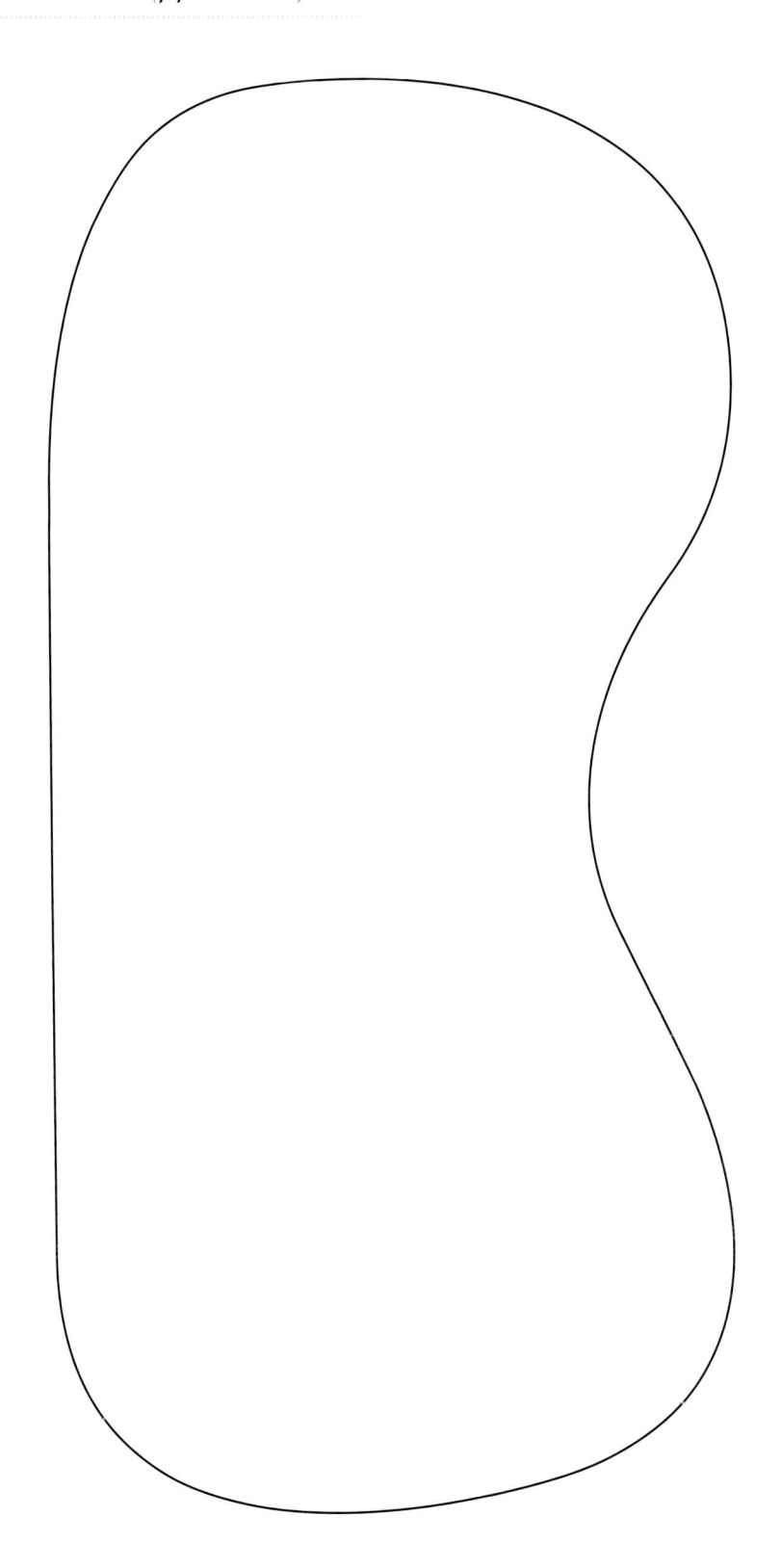

Tapete para brincar (pp. 146-9)

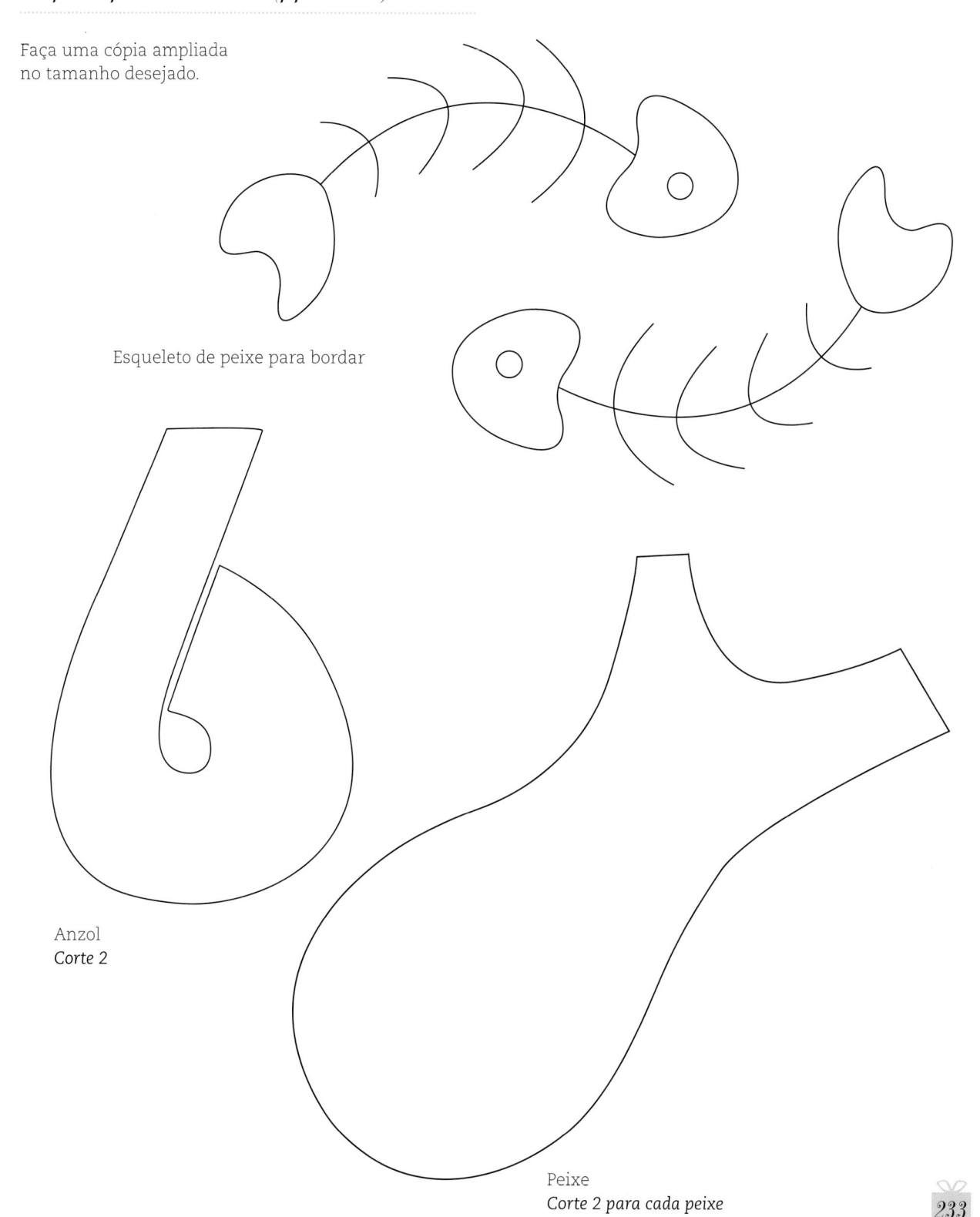

Faça uma cópia ampliada no tamanho desejado.

Esqueleto de peixe para bordar

Anzol
Corte 2

Peixe
Corte 2 para cada peixe

Casaco xadrez para cachorro (pp. 162-5)

Faça uma cópia ampliada no tamanho desejado.

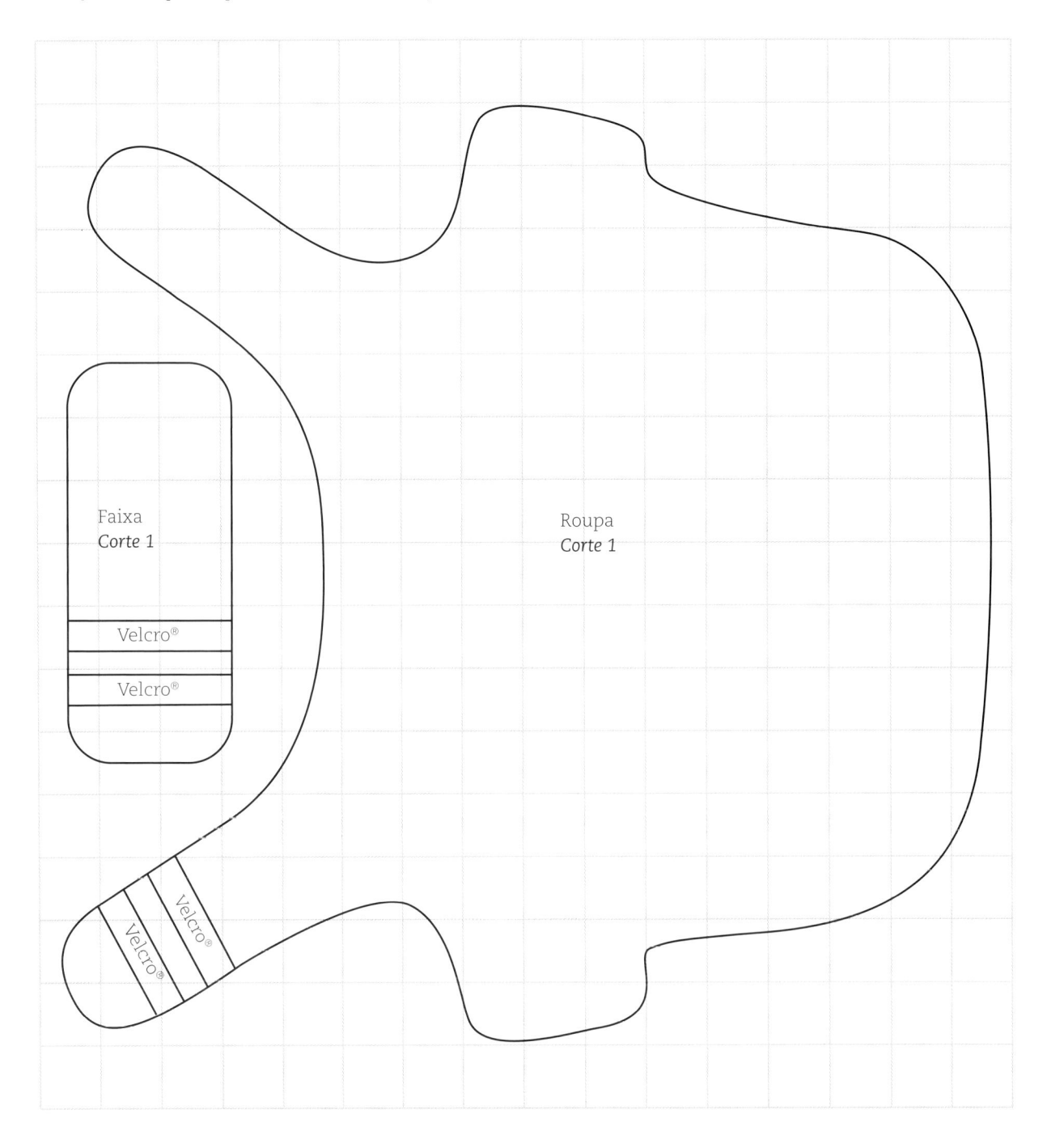

Faixa
Corte 1

Velcro®

Velcro®

Roupa
Corte 1

Velcro®

Velcro®

Velcro® Velcro®

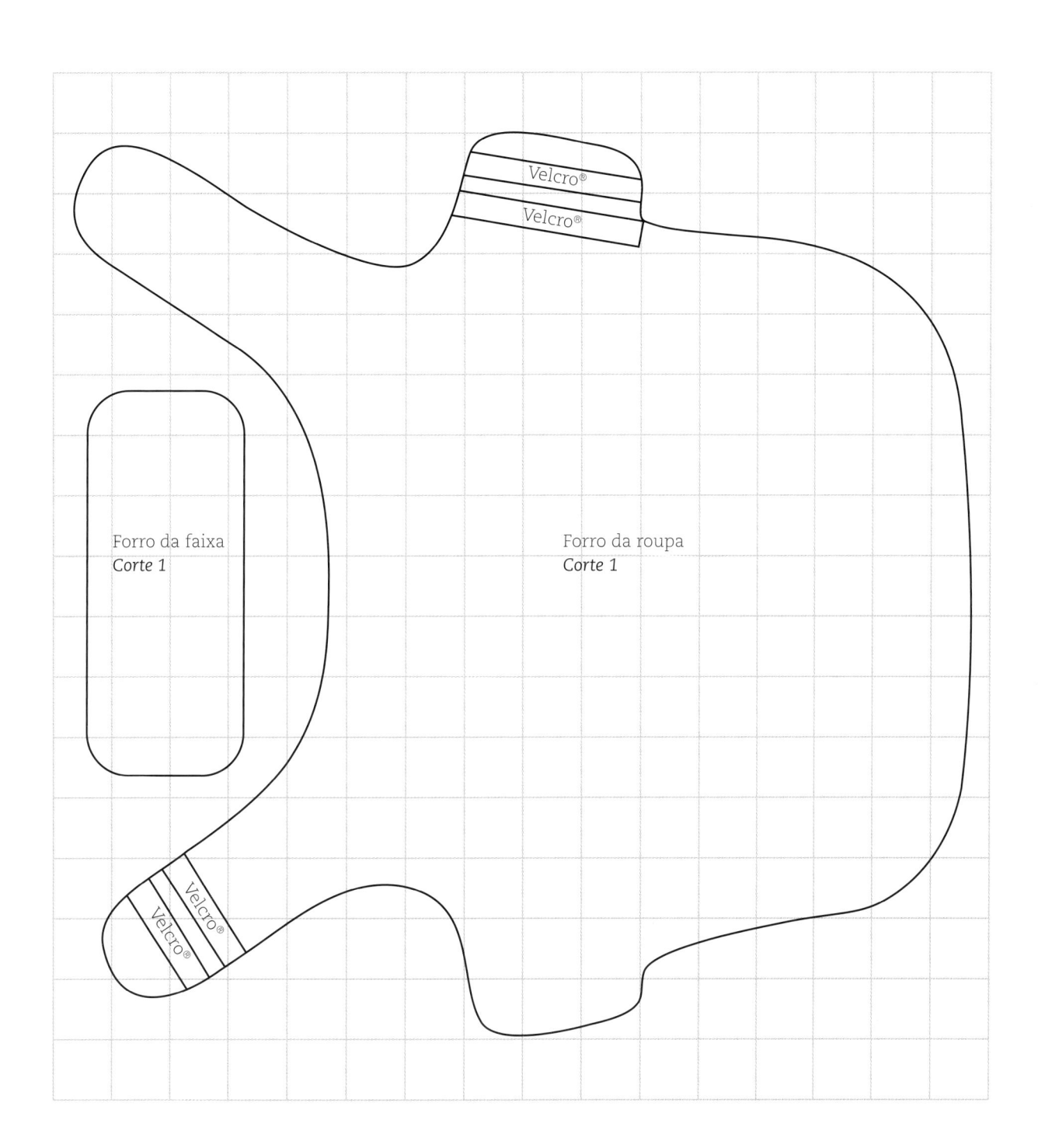

Forro da faixa
Corte 1

Forro da roupa
Corte 1

Velcro® Velcro®

Álbum artesanal (pp. 38-43)

Faça uma cópia ampliada no tamanho desejado.

- Furo 1
- Furo 2
- Furo 3
- Furo 4
- Furo 5
- Furo 6

Pingente de folha (pp. 64-9)

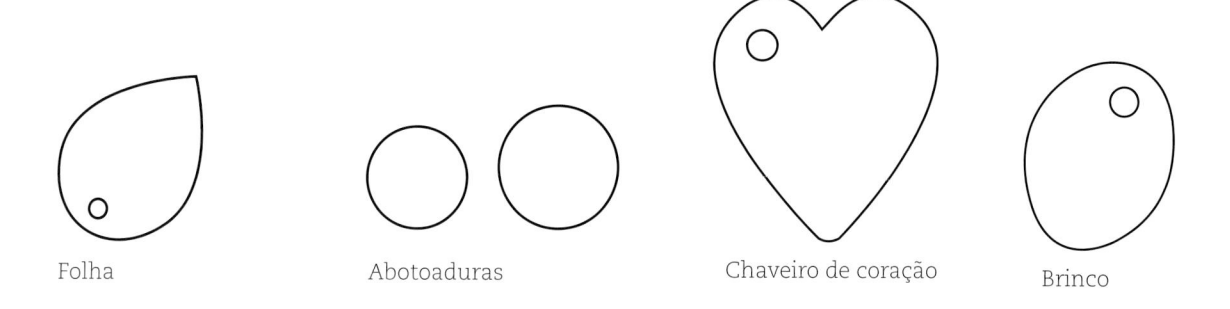

Folha

Abotoaduras

Chaveiro de coração

Brinco

Broche de feltro (pp. 60-3)

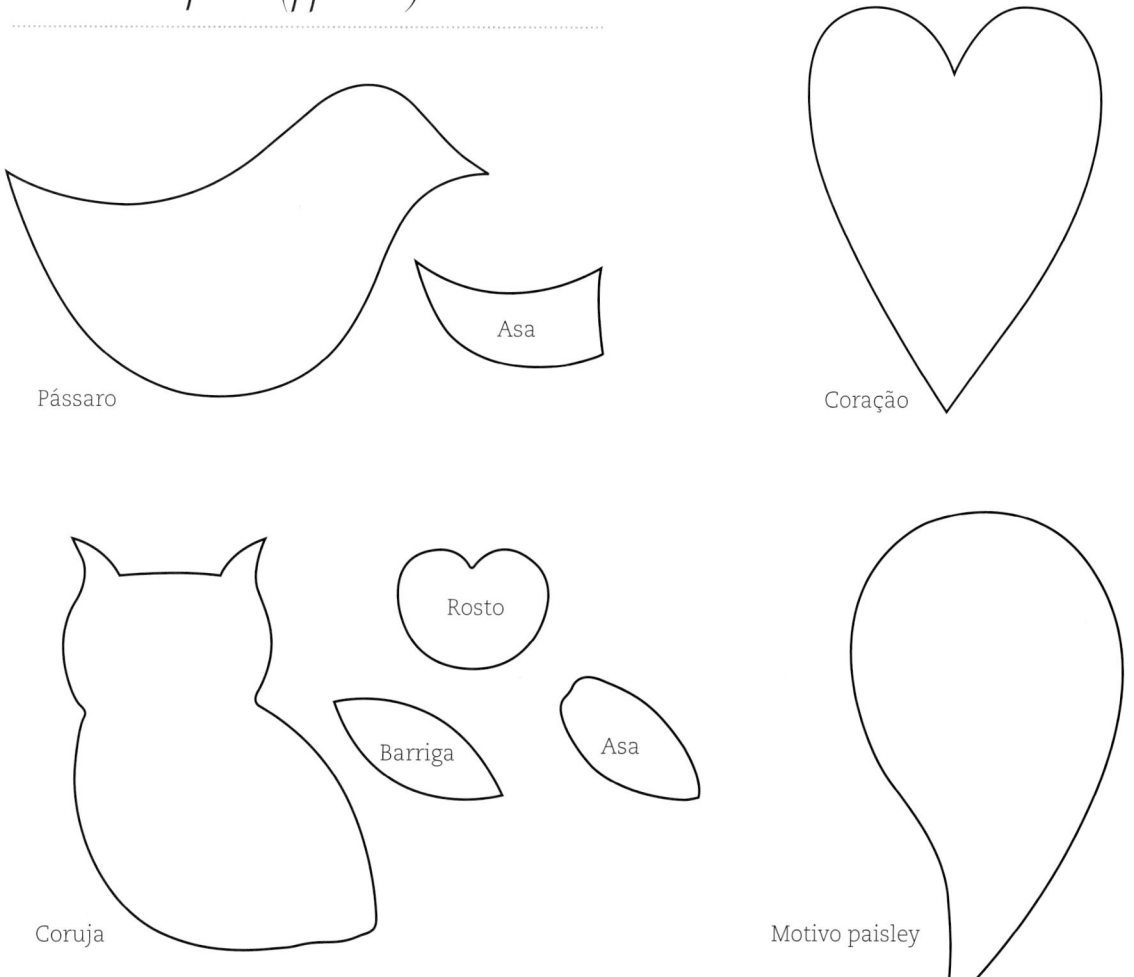

Pássaro

Asa

Coração

Coruja

Rosto

Barriga

Asa

Motivo paisley

Porta-copo com motivo marítimo (p. 37)

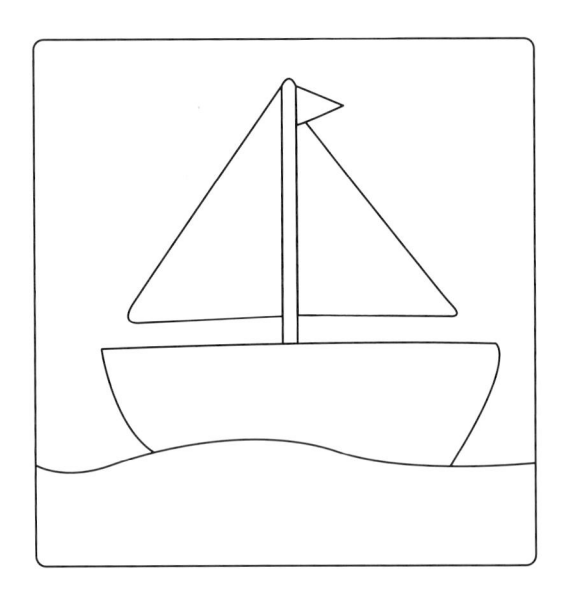

Porta-joias com coruja (p. 36)

Tampa da caixa

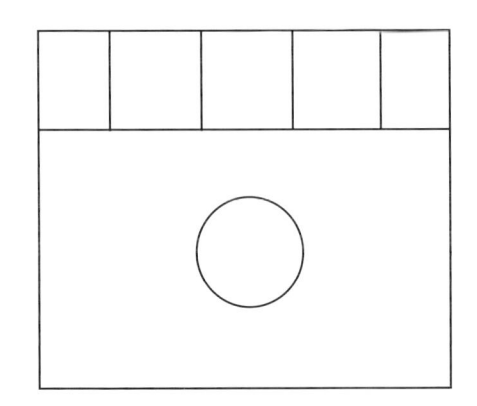

Lateral da caixa

Espelho florido (p. 36)

Luminária esférica de madeira (p. 37)

Porcelana pontilhada (pp. 26-9)

Faça uma cópia ampliada
no tamanho desejado.

Caneca e porta-copo (p. 30)

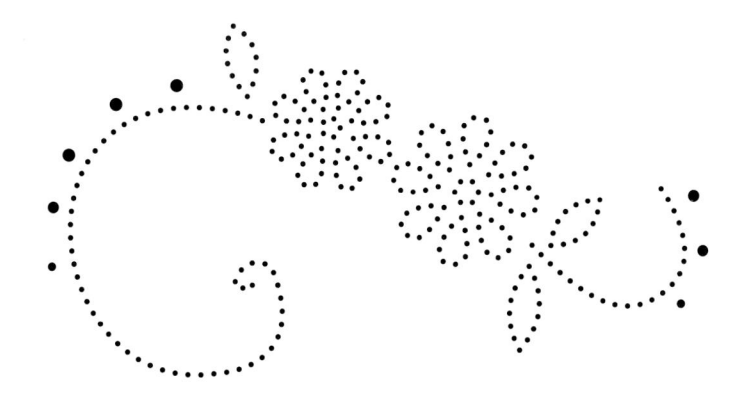

Prato com bandeirinha (p. 31)

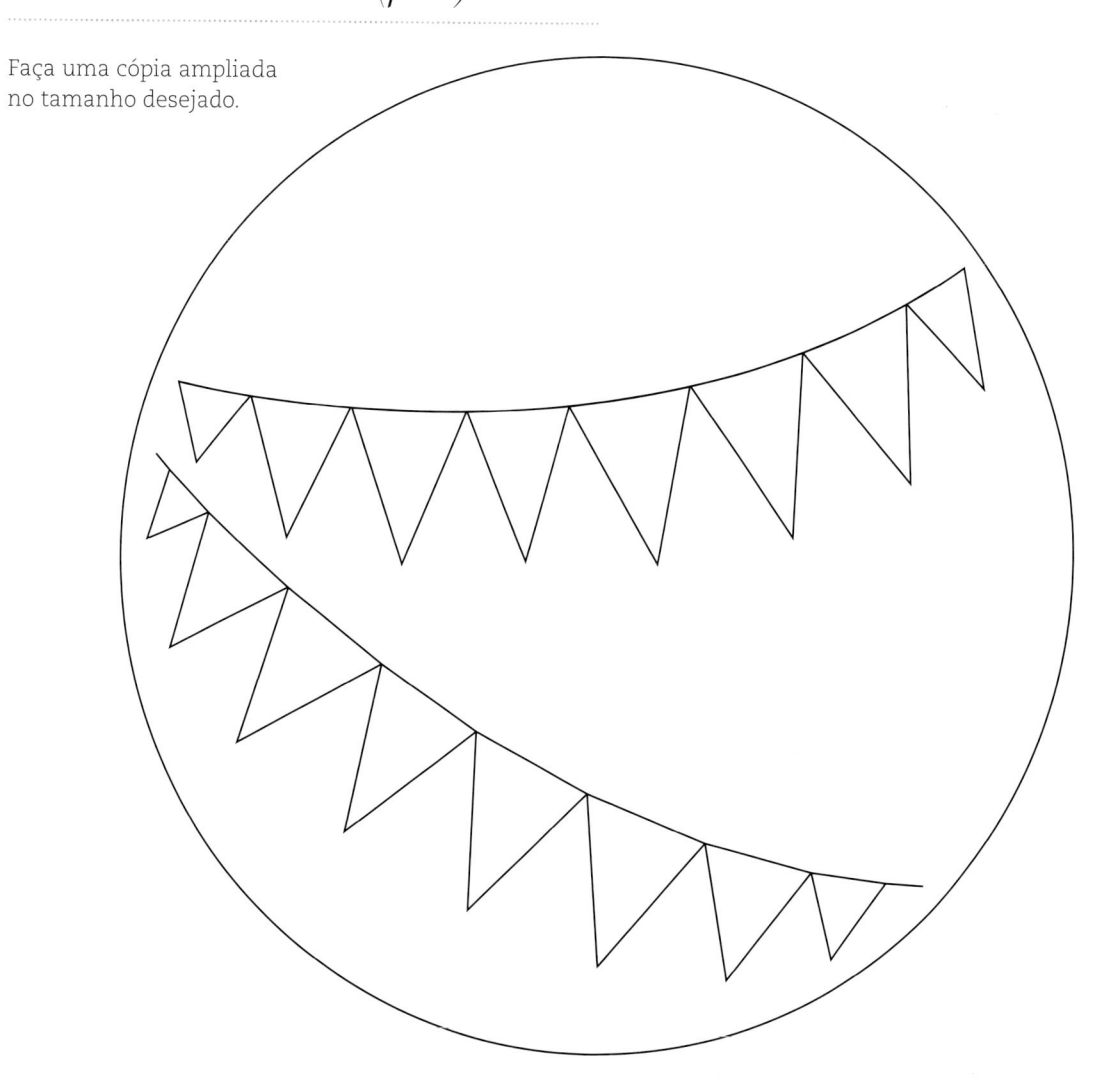

Faça uma cópia ampliada no tamanho desejado.

Sacola estampada (pp. 84-9)

Faça uma cópia ampliada no tamanho desejado.

Costura

Lápis de cor

Estampa geométrica

Borboletas

Ondas

243

Passo a passo do crochê

Esse guia rápido ensina a fazer os quatro pontos básicos do crochê. Eles foram selecionados e adaptados para ajudar na confecção dos projetos deste livro.

Ponto correntinha (corr.)

1 Faça um nó corrediço e segure-o bem firme entre o polegar e o indicador.

2 Levante a linha e pegue-a com o gancho da agulha (lc).

3 Puxe o gancho e a linha por dentro do ponto.

4 O ponto correntinha está completo. Repita as etapas 2 a 4 e continue a correntinha. Conte os "Vs" – cada um equivale a um ponto.

Ponto baixo (pb)

1 Comece a carreira em ponto baixo com 1 ponto correntinha. Passe o gancho pelo centro do segundo ponto da agulha.

2 Passe a linha sobre o gancho (linha por cima = lc).

3 Enganche a linha e passe-a pelo primeiro ponto.

4 Tire o gancho. Agora há dois pontos na agulha.

5 Passe a linha por cima da agulha (lc). Enganche a linha e passe pelos dois pontos.

6 Agora ficou um ponto na agulha. O ponto baixo está completo. Repita os passos 1 a 5 para fazer o ponto seguinte. Continue até o final da carreira.

Meio-ponto alto (mpa)

1 Faça 2 pontos correntinha para começar uma carreira em meio-ponto alto. Passe a linha por cima da agulha (lc).

2 Passe a agulha por dentro do "V" do próximo ponto.

3 Volte a passar a linha por cima da agulha.

4 Puxe a linha pela primeira laçada. A agulha ficou com três laçadas.

5 Passe a linha por cima da agulha. Enganche a linha e passe-a pelas três laçadas.

6 Uma laçada ficou na agulha. O meio-ponto alto está completo. Repita as etapas 1 a 5 para fazer mais pontos.

Segunda carreira em ponto baixo

Com uma laçada na agulha, enganche o próximo ponto, pegue a linha e puxe-a pelo ponto e pela laçada de uma só vez.

Puxe a linha

Ficou um ponto na agulha

245

Índice

A

Abotoadura 68
álbuns
    Álbum artesanal 38-43
    Álbum retrô 44
almofadas
    Almofada com castelo 18
    Almofada com caveira 19
    Almofada com guitarra 19
    Almofada decorada 14-9
    Retrato em aplique 158-61
apliques
    Almofada decorada 14-9
    Retrato em aplique 158-61
argila de prata para bijuterias 64-9
    Abotoadura 68
    Brincos texturizados 68
    Chaveiro de coração 69
    Pingente de folha 64-7
    Pulseira de folhas 69
avelã
    Biscoito amanteigado com uva-passa e avelã 172
    coberturas para bombom trufado 181
azeite
    Azeite com alho e alecrim 193
    Azeite com manjericão 192
    Azeite com pimenta 191
    Azeite temperado 190-3

B

Bomba de sais de banho 134-7
bergamota
    Sabonete de bergamota 116
    Sabonete de laranja 119
    Vela perfumada com bergamota 126
bijuterias
    Abotoadura 68
    argila de prata para bijuterias 64-9
    Brincos texturizados 68
    Broche de crochê 78-81
    Broche de feltro 60-3
    Caixa para bijuteria 202-5
    Colar de botões 59
    Colar de contas 54-9
    Colar de crochê 70-3
    Mininécessaire 101
    Pingente de folha 64-7
    Porta-joias com coruja 36
    Pulseira-colagem 74-7
    Pulseira de folhas 69
    ver embalagens
biscoitos
    Biscoito amanteigado 168-73
    Biscoito amanteigado com pedaços de chocolate meio amargo 172
    Biscoito amanteigado com pistache e chocolate branco 172
    Biscoito amanteigado com uva-passa e avelã 172
    Biscoito crocante de laranja 177
    Biscoito para cachorro 154-7
    Bonequinho de gengibre 175
    Macaron colorido 182-5
    Petit-four alemão 176
    Shortbread 174
Bomba de sais de banho 134-7
Bonequinho de gengibre 175
bolsas
    Bolsa de festa 96-9
    Mininecéssaire 101
    Porta-níquel 100
    ver sacolas
Bombom trufado 178-81
    coberturas para bombom trufado 181
Bonequinho de gengibre 175
botões
    Abotoadura 68
    Almofada decorada 14-9
    Broche de feltro 60-3
    Caixas enfeitadas 200-1
    Colar de botões 59
    Tabuleiro de damas 46-51
    Tapete para brincar 146-9
Brincos texturizados 68
broches
    Broche de crochê 78-81
    Broche de feltro 60-3

C

cachecóis
    Cachecol bicolor 95
    Cachecol trançado 91
    Trama mais fechada 95
cachorro
    Biscoito para cachorro 154-7
    Casaco xadrez para cachorro 162-5
Caderno personalizado 20-5
caixas
    Caixa com tampa torcida 216-21
    Caixa para bijuteria 203-5
    Caixa quadrada 196-9
    Caixas enfeitadas 200-1
    Pirâmide 206-9
    Porta-joias com coruja 36
Caneca e porta-copo 30
canela
    Sabonete de canela 116
    Vela perfumada com canela 126
Capa para celular e tablet 106-9
caramelo
    Caramelo com castanha-de-caju e uva-passa 189
    Caramelo com chocolate branco 189
    Caramelo com pecã 189
    Caramelo com uva-passa 189
    Caramelo macio 186-9
cartolina
    Álbum artesanal 38-43
    Álbum retrô 44
    Caixa com tampa torcida 216-21
    Caixa para bijuteria 202-5

Caixa quadrada 196-9
Caixas enfeitadas 200-1
Pirâmide 206-9
Sacola de papel 211
Sacola estampada 85-9
casa, para a
    Álbum artesanal 38-43
    Álbum retrô 44
    Almofada com castelo 18
    Almofada com caveira 19
    Almofada com guitarra 19
    Almofada decorada 14-9
    Caderno personalizado 20-5
    Caneca e porta-copo 30
    Espelho florido 36
    Fruteira de mosaico 32-5
    Luminária esférica de madeira 37
    Porcelana pontilhada 26-9
    Porta-copo com motivo marítimo 37
    Porta-joias com coruja 36
    Prato com bandeirinha 31
    Tabuleiro de damas 46-51
Casaco xadrez para cachorro 162-5
cerâmica
    Caneca e porta-copo 30
    Porcelana pontilhada 26-31
    Prato com bandeirinha 31
    Vela com três pavios 129
    Vela no ramequim 128
    ver mosaico
Cesta de mimos 142-3
Chaveiro de coração 69
chocolate
    Biscoito amanteigado com pedaços de chocolate meio amargo 172
    Biscoito amanteigado com pistache e chocolate branco 172
    Bombom trufado 178-81
    Caramelo com chocolate branco 189
    coberturas para bombom trufado 181
    Petit-four alemão 176
colar
    Colar de botões 59
    Colar de contas 54-9
    Colar de crochê 70-3
    Colares coloridos 58
    Pingente de folha 64-7

contas
    Colar de botões 59
    Colar de contas 54-9
    Colar de crochê 70-3
    Colares coloridos 58
    Contas pintadas 58
    Porta-joias com coruja 36
    Vela para viagem 127
Coração de lavanda 119
cravo
    Vela perfumada com cravo 126
crochê
    Broche de crochê 78-81
    Colar de crochê 70-3

D

delícias para saborear
    Azeite com alho e alecrim 193
    Azeite com manjericão 192
    Azeite com pimenta 191
    Azeite temperado 190-3
    Biscoito amanteigado 168-73
    Biscoito amanteigado com pedaços de chocolate meio amargo 172
    Biscoito amanteigado com pistache e chocolate branco 172
    Biscoito amanteigado com uva-passa e avelã 172
    Biscoito crocante de laranja 177
    Bombom trufado 178-81
    Bonequinho de gengibre 175
    Caramelo com castanha-de-caju e uva-passa 189
    Caramelo com chocolate branco 189
    Caramelo com pecã 189
    Caramelo com uva-passa 189
    Caramelo macio 186-189
    coberturas para bombom trufado 181
    Macaron colorido 182-5
    Petit-four alemão 176
    Shortbread 174
doces
    Bombom trufado 178-81
    Caramelo com castanha-de-caju e uva-passa 189
    Caramelo com chocolate branco 189

Caramelo com pecã 189
Caramelo com uva-passa 189
Caramelo macio 186-9
coberturas para bombom trufado 181

E

Echarpe de seda pintada 102-5
embalagens
    Caixa com tampa torcida 216-21
    Caixa para bijuteria 202-5
    Caixa quadrada 196-9
    Caixas enfeitadas 200-1
    Papel estampado 222-3
    Pirâmide 206-9
    Sacola de papel 210-5
encadernação
    Álbum artesanal 38-43
    Álbum retrô 44
    Caderno personalizado 20-5
Espelho florido 36
essências sintéticas 112-9, 126
estêncil
    Formas geométricas 89
    Sacola com borboletas 88
    Sacola com estampa de costura 88
    Sacola com estampa de ondas 84-7
    Sacola com lápis de cor 89
    Sacola estampada 84-9
Estrela de baunilha 118
eucalipto
    Vela perfumada com eucalipto 126

F

feltro
    Almofada com castelo 18
    Almofada com caveira 19
    Almofada com guitarra 19
    Almofada decorada 14-9
    Bolsa de festa 97
    Bonecos do castelo 229
    Broche de feltro 60-3, 237
    Luminária esférica de madeira 37
    Porta-joias com coruja 36
    Ratinho de erva para gato 150-3
    Retrato em aplique 159

fita
    Álbum artesanal 38-43
    Álbum retrô 44
    Almofada com castelo 18
    Almofada com guitarra 19
    Broche de feltro 60-3
    Casaco xadrez para cachorro 162-165
    Caixas enfeitadas 200-1
    Caixa para bijuterias 202-205
    Cesta de mimos 142-3
    Kit de manicure 120-3
    Pirâmide 206-9
    Sacola de papel 210-5
    Tabuleiro de damas 46-51
frutas desidratadas
    morango desidratado 181
    Sabonete de bergamota 116
    Sabonete de laranja 119
    Sabonete de limão 112-5
frutas secas
    variações para biscoito amanteigado 172
    ver uva-passa
Fruteira de mosaico de 32-5

G

gato
    Ratinho de erva para gato 150-3
    Tapete para brincar 146-9

K

Kit de manicure 120-3

L

lã
    Cachecol bicolor 95
    Cachecol trançado 90-3
    Trama mais fechada 95
laranja
    Biscoito crocante de laranja 177
    Sabonete de bergamota 116
    Sabonete de laranja 119
latinha
    Vela para viagem 127
lavanda
    Coração de lavanda 119
    Máscara para dormir 139
    Sabonete de lavanda 116
    Vela perfumada com lavanda 126
leite evaporado 189
limão
    Sabonete de limão 112-5
    Vela perfumada com limão 126
Luminária esférica de madeira 37

M

Macaron colorido 182-5
macramê
    Cachecol bicolor 95
    Cachecol trançado 90-3
    Trama mais fechada 95
Máscara para dormir 138-41
mimos para relaxar
    Bomba de sais de banho 134-7
    Cesta de mimos 142-3
    Coração de lavanda 119
    Estrela de baunilha 118
    Fatia de sabonete 118
    Kit de manicure 120-3
    Máscara para dormir 138-41
    Nécessaire 130-3
    Sabonete de baunilha 116
    Sabonete de bergamota 116
    Sabonete de camomila 116
    Sabonete de canela 116
    Sabonete de laranja 119
    Sabonete de lavanda 116
    Sabonete de limão 113-5
    Sabonete de rosa 116
    Sabonete de sândalo 116
    Sabonete de zimbro 116
    Vela com três pavios 129
    Vela em camadas 128
    vela na xícara 124-6
    Vela no ramequim 128
    Vela para viagem 127
    Vela decorativa 124-9
    Velas perfumadas 126
moldes 224-43
mosaico
    Espelho florido 36
    Fruteira de mosaico 32-5
    Luminária esférica de madeira 37
    Porta-copo com motivo marítimo 37
    Porta-joias com coruja 36
    ver pastilhas

N

nécessaire
    Mininécessaire 101
    Nécessaire 130-3
néroli
    Vela perfumada com néroli 126

O

Óleos essenciais 113-9

P

papel
    Álbum artesanal 38-43
    Álbum retrô 44
    Caderno personalizado 20-5
    Papel estampado 222-3
    Pulseira-colagem 74-7
    ver embalagens
pastilhas 33-7
    pastilhas irregulares 36
Petit-four alemão 176
pets, para quem ama
    Biscoito para cachorro 154-7
    Casaco xadrez para cachorro 162-5
    Ratinho de erva para gato 150-3
    Retrato em aplique 158-61
    Tapete para brincar 146-9
Pingente de folha 64-7
pinho
    Vela perfumada com pinho 126
pintura com pontinhos
    Caneca e porta-copo 30
    Porcelana pontilhada 26-9
    Prato com bandeirinha 31
pintura em tecido
    Echarpe de seda pintada 102-5
    Formas geométricas 89
    Sacola com borboletas 88
    Sacola com estampa de costura 88
    Sacola com estampa de ondas 84-7
    Sacola com lápis de cor 89
    Sacola estampada 84-9
Pirâmide 206-9
Pontos de crochê 244-5
Porcelana pontilhada 26-9

Porta-copo com motivo marítimo 37
Porta-joias com coruja 36
Porta-níquel 100
Prato com bandeirinha 31
pulseiras
   Pulseira-colagem 74-7
   Pulseira de folhas 69

R

Ratinho de erva para gato 151-3
Retrato em aplique 159

S

sabonetes 112-9
   Coração de lavanda 119
   Estrela de baunilha 118
   Fatia de sabonete 118
   Sabonete de baunilha 116
   Sabonete de bergamota 116
   Sabonete de camomila 116
   Sabonete de canela 116
   Sabonete de laranja 119
   Sabonete de lavanda 116
   Sabonete de limão 113-5
   Sabonete de rosa 116
   Sabonete de sândalo 116
   Sabonete de zimbro 116, 118
sacolas
   Formas geométricas 89
   Sacola com borboletas 88
   Sacola com estampa de costura 88
   Sacola com estampa de ondas 84-7
   Sacola com lápis de cor 89
   Sacola de papel 210-5
   Sacola estampada 84-9
sândalo
   Vela perfumada com sândalo 126
seda
   Echarpe de seda pintada 102-5
   Kit de manicure 120-3
Shortbread 174

T

Tabuleiro de damas 46-51
Tapete para brincar 146-9
tecido
   Almofada com caveira 19
   Almofada com guitarra 19
   Almofada de castelo 18
   Almofada decorada 14-9
   Bolsa de festa 96-9
   Broche de feltro 60-3
   Capa para celular e tablet 106-9
   Casaco xadrez para cachorro 162-5
   Echarpe de seda pintada 102-5
   Kit de manicure 120-3
   Máscara para dormir 138-41
   Mininécessaire 101
   Nécessaire 130-3
   Porta-níquel 100
   Ratinho de erva para gato 150-3
   Retrato em aplique 158-61
   Tabuleiro de damas 46-51
   Tapete para brincar 146-9
   ver sacolas

U

uva-passa
   Biscoito amanteigado com uva-passa e avelã 172
   Bonequinho de gengibre 175
   Caramelo com castanha-de-caju e uva-passa 189
   Caramelo com uva-passa 189

V

velas 124-9
   Vela com três pavios 129
   Vela decorativa 124-9
   Vela em camadas 128
   vela na xícara 124-6
   Vela no ramequim 128
   Vela para viagem 127
Velas perfumadas 126

X

xícara
   vela na xícara 124-6

Z

zimbro
   Bomba de sais de banho 134-7
   Fatia de sabonete 118
   Sabonete de zimbro 116, 118

Agradecimentos

A Dorling Kindersley agradece a Kate Blinman por testar as receitas e pelo auxílio nas sessões de fotografia; a Ruth Jenkinson pelas fotografias novas; a Becky Alexander, Christine Stroyan e Katharine Goddard pela assistência editorial; a Angela Baynham pela checagem precisa; a Katie Hardwicke pela revisão; e a Marie Lorimer por elaborar o índice.

Autores

Este livro é fruto da criatividade e do talento de vários artesãos que contribuíram com seus projetos. Esperamos que as ideias apresentadas sirvam de inspiração para que você crie presentes exclusivos.

Hannah Moore

Tabuleiro de damas

Ratinho de erva para gato

Retrato em aplique

Silhueta simples

Tapete para brincar

Almofada decorada

Almofada com guitarra

Almofada com caveira

Almofada com castelo

Caroline Stamps

Máscara para dormir

Nécessaire

Kathryn Johnson

Broche de feltro

Isabel de Cordova

Vela para viagem

Vela em camadas

Vela no ramequim

Vela com três pavios

The Oxford Soap Company

Sabonete natural

Estrela de baunilha

Sabonete de laranja

Coração de alfazema

Sabonete de zimbro

Bomba de sais de banho

Ria Holland

Porcelana pontilhada

Prato com bandeirinha

Caneca e porta-copo

Paula Keogh

Kit de manicure

Casaco xadrez para cachorro

Kate Davis

Echarpe de seda pintada

Nicola Barter

Sacola estampada

Sacola com estampa de costura

Sacola com lápis de cor

Formas geométricas

Sacola com borboletas

Clara Smith

- Pingente de folha
- Abotoadura 
- Pulseira de folhas 
- Brincos texturizados 
- Chaveiro de coração 

Gemma Fletcher

- Biscoito para cachorros
- Cachecol trançado 
- Cachecol bicolor 
- C. de trama mais fechada 
- Colar de contas 
- Colar de botões 
- Colares coloridos 
- Contas pintadas 

Victoria Read

- Caderno personalizado
- Álbum artesanal 
- Álbum retrô 

Glenda Fisher

- Broche de crochê

Belinda Nicholson

- Pulseira-colagem

Claire Montgomerie

- Colar de crochê

Lova Rajaonarimanana

- Capa para celular e tablet

Karen Mitchell

- Fruteira de mosaico
- Espelho florido 
- Porta-copo marítimo 
- Luminária esférica de madeira 
- Porta-joias de coruja 

Charlotte Johnson

- Pirâmide
- Caixa para bijuteria 
- Sacola de papel 
- Caixa quadrada 
- Caixa com tampa torcida 

Carol Doherty

- Bolsa de festa
- Porta-níquel 
- Mininécessaire 

Helen Fickling

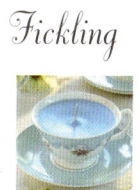

- Vela decorativa

251

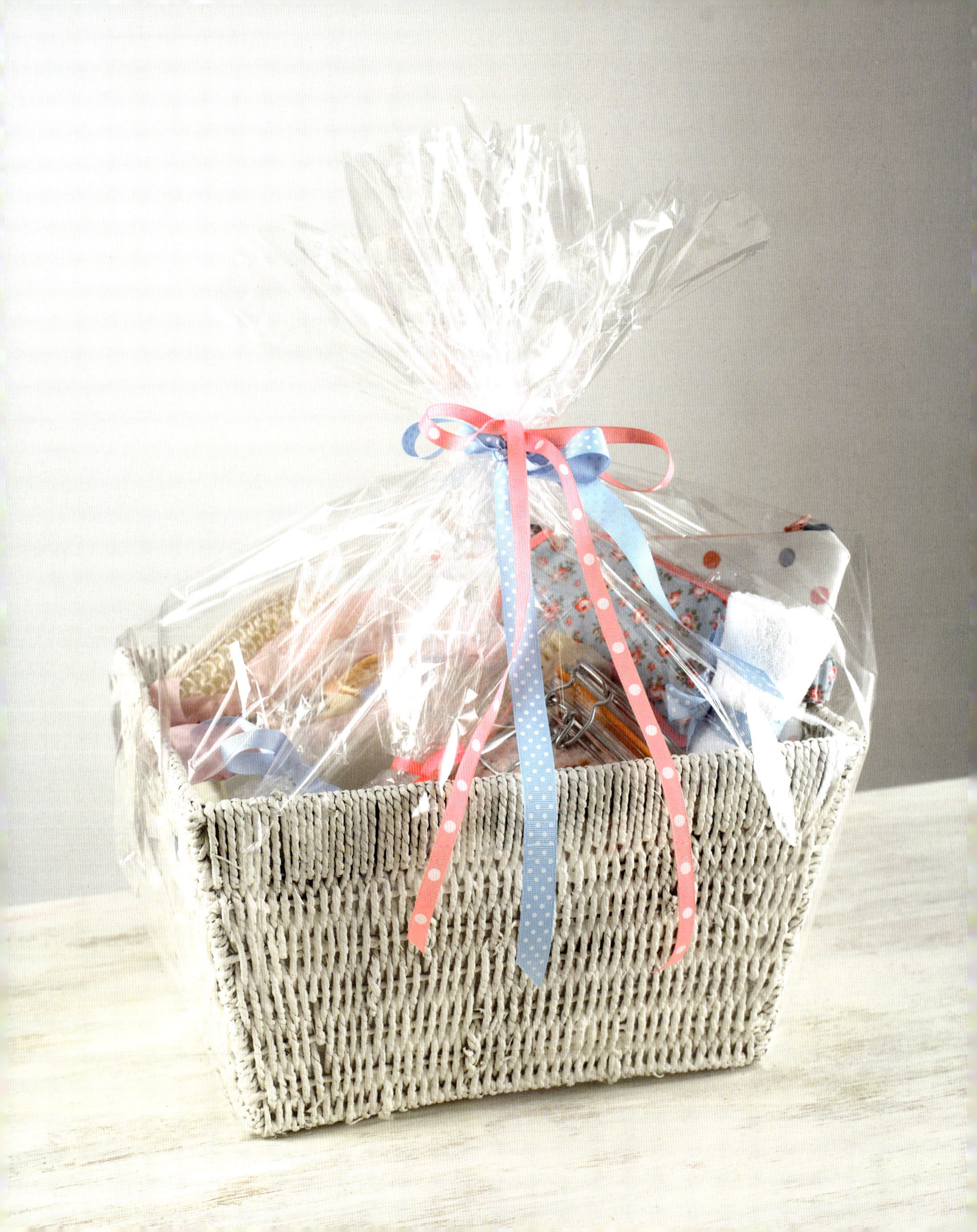